传统文化视角下高校思政教育研究

李明芳 ◎ 著

中国书籍出版社
China Book Press

图书在版编目（CIP）数据

传统文化视角下高校思政教育研究 / 李明芳著 . -- 北京：中国书籍出版社，2024.4
ISBN 978-7-5068-9844-7

Ⅰ. ①传… Ⅱ. ①李… Ⅲ. ①高等学校－思想政治教育－研究－中国 Ⅳ. ① G641

中国国家版本馆 CIP 数据核字 (2024) 第 080453 号

传统文化视角下高校思政教育研究
李明芳　著

图书策划	成晓春
责任编辑	吴化强
封面设计	博健文化
责任印制	孙马飞　马　芝
出版发行	中国书籍出版社
地　　址	北京市丰台区三路居路 97 号（邮编：100073）
电　　话	(010) 52257143（总编室）　(010) 52257140（发行部）
电子邮箱	eo@chinabp.com.cn
经　　销	全国新华书店
印　　刷	天津和萱印刷有限公司
开　　本	710 毫米 ×1000 毫米　1/16
字　　数	203 千字
印　　张	11.25
版　　次	2024 年 8 月第 1 版
印　　次	2024 年 8 月第 1 次印刷
书　　号	ISBN 978-7-5068-9844-7
定　　价	76.00 元

版权所有　翻印必究

前　言

中华优秀传统文化是中华民族宝贵的历史遗产和精神财富，是中华民族的"根"和"魂"。中华传统文化中蕴含的道德规范和价值观念，至今仍对社会生活和精神世界产生着深远影响。中华优秀传统文化与思政教育内在相通，在大学生思想道德建设和综合素质的培育方面发挥着不可替代的作用。将中华优秀传统文化融入大学生思政教育，对于团结各族人民、实现中华民族伟大复兴的中国梦、培养社会主义建设者和接班人具有重要意义。

培养社会主义建设者和接班人是中国共产党的教育方针，也是我国各级、各类学校的共同使命。习近平在党的二十大报告中指出："只有把马克思主义基本原理同中国具体实际相结合、同中华优秀传统文化相结合，坚持运用辩证唯物主义和历史唯物主义，才能正确回答时代和实践提出的重大问题。"未来属于青年，希望寄予青年。高校是重要的文化组织和教育基地，不仅肩负培养综合发展的高素质人才之使命，还要坚持发挥自身的文化功能。为进一步落实"两个结合"重要思想、进一步弘扬中华优秀传统文化、进一步丰富和拓展高校思政课程教学实践，作者总结多年的经验和心得，完成了此书。本书将围绕传统文化视角下高校思政教育展开论述。

本书第一章为传统文化概述，分别概述了文化的内涵、中国传统文化的内涵、中国传统文化的现代阐释以及儒道文化的研究与发展四个方面的内容；第二章则从高校思政教育的内涵、原则、发展趋势、课程设置四个方面对高校思政教育进行了阐述；第三章为传统文化与高校思政教育的关系，主要探究了传统文化的高校思政教育价值、传统文化和高校思政教育的契合性以及传统文化发展对高校思政教育的影响；第四章为传统文化与高校思政教育的融合，从融合的现状、可行性、意义、途径以及儒家文化对高校思政教育的启发五个角度分别进行探究；第五章为传统文化视角下高校思政教育的实践，主要探究了三个方面的内容，分别是传统文化融入高校思政教育的阻碍、传统文化视角下高校思政教育的实践策略以及儒家思想融入高校思政教育的实践案例。

在撰写本书的过程中，作者参考了大量的学术文献，得到了许多专家学者的帮助，在此表示真诚感谢。本书写作力争内容系统全面，论述条理清晰、深入浅出，但由于作者水平有限，书中难免有疏漏之处，希望广大同行及时指正。

李明芳

2023 年 8 月

目 录

第一章　传统文化概述··1
　　第一节　文化的内涵···1
　　第二节　中国传统文化内涵··6
　　第三节　中国传统文化的现代阐释·······································15
　　第四节　儒道文化的研究与发展··26

第二章　高校思政教育概述··32
　　第一节　高校思政教育的内涵···32
　　第二节　高校思政教育的原则···38
　　第三节　高校思政教育的发展···50
　　第四节　高校思政教育的课程设置······································61

第三章　传统文化与高校思政教育的关系································67
　　第一节　传统文化的高校思政教育价值································67
　　第二节　传统文化和高校思政教育的契合性·······················75
　　第三节　传统文化发展对高校思政教育的影响····················77

第四章　传统文化与高校思政教育的融合································79
　　第一节　中国传统文化与高校思政教育的融合现状············79
　　第二节　中国传统文化与高校思政教育的融合可行性········87
　　第三节　中国传统文化与高校思政教育的融合意义············94

第四节　中国传统文化与高校思政教育的融合途径……………………100
   第五节　儒家文化对高校思政教育的启发……………………………114

第五章　传统文化视角下高校思政教育的实践……………………………117
   第一节　传统文化融入高校思政教育的阻碍…………………………117
   第二节　传统文化视角下高校思政教育的实践策略…………………134
   第三节　传统文化视角下高校思政课程的实践案例——以儒家思想为例…153

参考文献……………………………………………………………………171

第一章　传统文化概述

优秀传统文化是我国重要的精神财富。本章主要探讨传统文化概述，从四个方面进行了阐述，分别是文化的内涵、中国传统文化的内涵、中国传统文化的现代阐释以及儒道文化的研究与发展。

第一节　文化的内涵

一、文化的本质

谈起"文化"二字，每个人都感觉分外熟悉。自人类社会产生，文化便已形成，它随着人类历史一起向前发展。在我们固有的印象中，文化是身边的事物，我们每天都在生活中、在电视里、在网络上接触各种文化，但是要给文化这个使用频率极高的词汇下一个准确的定义恐怕很难。文化究竟是什么？它代表了怎样的内涵？又被赋予了怎样的本质呢？学术界给出了不同的答案。

（一）词源学中论"文化"

在古老的华夏民族，"文化"二字出现甚早，最早"文"与"化"是分开的，两个字单独使用，各自有各自的含义。"文"的本义为各色交错的纹理，兼有纹饰、文章的含义，之后引申出修养之意。"化"本来是"匕"，又有"匕，变也"以及"化"为生成、变易、化生之意。《易经》中所说"万物化生"即是此意。

而"文"与"化"二字对举使用首次见于《周易·贲卦》中的"观乎人文，以化成天下"[1]，意思是观察、了解人文，然后用来改变天下，使天下呈现一种文的

---

[1] 姬昌. 周易[M]. 北京：华夏出版社，2017：127.

状态，这时的"文"与"化"并不是像现代汉语中那样完全融为一体，而是一种机械的配合、拼凑，表示一种变易的过程，属于动词，而非现在的名词形式。不过，其中也确实蕴含人类在有序社会中必要要素和规则的内容，如道德、法制、礼乐制度等。

不过值得注意的是，《周易·贲卦》中虽然"文""化"二字并举，但仍有间隔，虽具备了"以文教化"的倾向和动态过程，但与现在的文化的含义仍有明显区别。直到在孔子所说的"周监于二代，郁郁乎文哉"①中，"文"这一字眼已初步显现当今"文化"一词的含义。

到了西汉时期，著名思想家刘向在《说苑·指武》中写道："文化不改，然后加诛。"②此处"文化"二字在大体上确立了一种与武相对立的概念，体现为"文治"与"教化"，与"武功威严"正好相反。魏晋时期，束皙说道："文化内辑，武功外悠。"③这更确立了"文化"与"武功"的对立关系，但仅仅是位置的对立，不是好与坏的对立，"文"与"武"在古代都属于技能。正如《论语》中所说："智者不惑，仁者不忧，勇者不惧。"④可见，文化与勇武兼具正面色彩。南北朝时期王融也认为，文化应当明确凸显柔和与内在的特性。在古代中国，"文"一直都备受推崇。孔子云："文质彬彬，然后君子。"⑤此处的"文"是指博学、儒雅之气，成为理想人格"君子"，先要学文，即"先礼后兵"。

到了唐代，孔颖达认为人类的文化指文学艺术、礼教思想之类上层、高雅的思想。明清之际顾炎武认为文化还应当涵盖个人自身的活动和国家整体的制度模式。

随着历史不断演进，"文化"二字的含义不断被加深、拓宽。中国的国学大师梁漱溟认为，"文化，就是吾人生活所依靠之一切"⑥。庞朴也认为文化应当包含物质、制度、心理等三个层面。这与古时人们认为的单单存在于精神层面、内在层面的文化已有明显区别，这时的文化由单一性、内在性的概念转变为复杂性、包容性的复合概念。

---

① 樊登.樊登讲论语学而[M].北京：北京联合出版社，2021：145.
② 刘向.说苑[M].北京：中华书局，2019：46.
③ 萧统.黄侃黄焯批校昭明文选[M].武汉：崇文书局，2022：165.
④ 樊登.樊登讲论语学而[M].北京：北京联合出版社，2021：307.
⑤ 孔子.论语[M].北京：华夏出版社，2017：60.
⑥ 王连森.学院文化元问题[M].青岛：中国海洋大学出版社，2022：128.

西方的"文化"一词源于英语中的"culture"，它的本意为耕种、居住，指人改造外部自然界，使之更好地适应人们的生存与发展，满足人类吃住等需要，这种改造即文化过程。可见，西方"文化"这一词汇最初有物质性、实践性的含义。

古罗马时期，著名哲学家西塞罗曾认为文化相当于哲学或心灵的培养。可见，这是把文化与身为主体的人的内在品格品质以及智慧智力相联系起来了，与"单纯把文化当成培养庄稼"的观念相比更进了一步，这种将文化当作改造、完善内心世界的过程的表述包含更多思辨与反思性的内容。

但到了中世纪，哲学与宗教互相争斗，文化作为哲学中的重要概念，自然受到神学打压与制约。经过漫长发展，18世纪，欧洲启蒙思想家们赋予了文化更深刻的内涵，他们普遍认为文化是人的培养过程。19世纪初，文化的含义又有所转变，变成指心灵的状态或习惯，可见西方国家逐渐赋予了"culture"更全面的内涵。大概在19世纪中叶，马克思和恩格斯在《德意志意识形态》一书中表达出文化起源与人类物质生产活动。1876年，恩格斯又在《劳动在从猿到人转变过程中的作用》一书中表明文化是一种意识形态，还提到文化就是人化。

1871年人类学之父泰勒认为文化包括知识、信仰、艺术、道德、法律、习俗以及作为一个社会成员的人所习得的其他一切能力和习惯。

可见，无论中国的"文化"，还是西方的"culture"，起初它们的内涵都是单指某一方面。在中国，文化本来代表精神或改变精神的过程，后来摇身一变，成为物质、制度、心理的综合体；西方的文化从指代耕种变为全部的生产活动和人类创造物的统称，同样包含了观念精神、意识形态、物质实体。不得不说，不同地域关于文化含义的发展具有一种殊途同归之感。

（二）当代文化的本质

当代社会，学界于文化本质的定义已经超过161种。从古至今，文化似乎离我们越来越近，又似乎越来越远：近是因为我们经过长久发展，总结出文化的各种定义、各种所指；远是因为想要探究文化的本质，想用一句话来概括文化的含义，就越发迷茫。《词源》认为文化指文治和教化，今指人类社会历史发展过程中所创造的全部物质财富和精神财富。钱穆认为文化只是人生，只是人类的生活。《辞海》中指出文化有三种含义：第一，是物质财富和精神财富的总和；第二，指知识，知识程度即文化水平；第三，指中国封建时代的文治和教化。《中华文化史》中认为文化的实质是人类化，也就是为一切外在事物和内在思想打上人类的烙印。杨适教授在《中西人论的冲突》中认为文化的重心是人本身。可见，文化研究中心越来越注重人的中心和主体地位。

本书认为，文化一词历史悠久，它的内涵一直处于变动之中，虽然它的意义不稳定，但是从未间断，历代学者对文化的思索都作为当代文化体现形式的素材。所以，文化的定义也愈来愈多。文化即人化，人化即文化，可以说是文化发展和过程的根本原则。有人的地方才有文化，文化与人的作用是相互的，它们互相影响、互相促进、不可分割。文化总是有所指的，如茶文化、戏曲文化、书画文化、思想文化等。所以，特殊的文化具有更加明晰、实在的特性，对于它们，只需沿着其专业领域研究即可，但人类欲求其根本内涵，寻找文化本身，则需要更多反思意识，在抛开文化的一切所指、一切寓所之后才能得到。另外，不同时期、不同地域文化的本质仍然不同，所以对文化的定义难以统一。正如"哲学无定论"一样，文化同样也无定论。

我们处于现代社会，文化的定义应该着眼于当下。当下的文化内容涵盖深广，在多名学者前辈的研究成果的基础上，结合时代特征，可将文化定义为人类创造的精神财富及依据此种精神改造后的客观事物与现象。

二、文化的分类

（一）文化分类方法

对文化有了定义后，要对整个世界繁复的文化进行分类，文化分类最重要的任务和目标是构建严密的文化分类体系。多角度、多维度地构建文化谱系，对我们形成更加科学、系统的文化体系，分门别类地研究文化大有裨益，能使我们对文化的认识从无序、混乱走向有序、统一。

当前，学界对文化的分类方式有多种。

从广义上可将文化分为物质文化、精神文化、行为文化、制度文化。

从狭义上文化指精神文化。

从范围上可将文化分为民族文化、世界文化。

从时间上可将文化分为史前文化、历史文化、现代文化、未来文化。

从整体上可将文化分为综合文化、宏观文化、多元文化。

从局部上可将文化分为专题文化、微观文化、一元文化。

此外，还有多种分类方法，在此不一一列举。可见，学界对文化的分类方式有多种，世界上有200多个国家，2000多个民族，这使文化分类工作变得细密而繁杂。

斯宾格勒曾在《西方的没落》一书中把文化分为八种，分别是西欧文化、埃及文化、西亚与北非伊斯兰文化、巴比伦文化、印度文化、墨西哥玛雅文化、中国文化、希腊罗马古典文化。

本书针对学界认可度最高、讨论最普遍、涵盖面较广的分类方式进行说明，即广义狭义分类法。

（二）广义狭义分类法

按照广义与狭义来划分文化，或者说按照物质文化与精神文化来划分，是当前学界比较普遍使用的分类方法。文化是社会和人在历史上一定时期的发展水平，它表现为人们进行生活和活动的种种类型和形式，以及人们所创造的物质财富和精神财富。这是广义的文化，而狭义的文化仅仅是指精神文化，包括精神层面的思维方式、意识形态、民俗民风等。

广义文化着眼于人类与一般动物、人类社会与自然界的本质区别。物质文化指的是一切物质存在作为素材在被产生的活动中的体现，作为精神文化的载体，它以物质的客观实在性反映了文化所蕴含的深层内涵，是精神和心理在具象化层次的明确体现。制度文化是精神文化的标准化和规范化，是精神文化与物质文化的连接点。精神文化也可以叫作观念文化，是以心理形态、心理观念形式存在的文化。

狭义的文化与多数人头脑中认为的文化较为贴近，举例而言，"张三是个有文化的人。"这种说话方式是常人的固有思维，文化就相当于有学识、有底蕴、有内涵，这与前文所说的中国古代文化的意义是相似的，仅指代精神层面的教化。根据考证，中国古代社会的统治阶层通常通过对人思想文化的控制，实现对黎民百姓的全体教化，这就是所谓的以文教化，通过宗法礼制的精神传播特定的思想。

但是，当前很多学者用狭义的文化来定义文化的全部内涵，未免有失偏颇，就文化现代意义而言，它不单纯只是一种精神现象。假如真的按照狭义文化来定义，那么将建筑文化、饮食文化等概念全部除去，我们人类社会所剩的文化又有多少呢？按照马克思的科学文化观来看，文化，究其本质是建立在实践基础之上的，人类在日常生活中通过实践活动不断深化对世界的认识；不断改造世界并使之为自己服务；不断证明自身创造物的价值。马克思认为，全部社会生活从本质上讲是实践的，所以文化必然是寓于实践活动之中的，单纯精神化的文化是不存在的，如果习惯脱离现实的实践过程去解释文化，把文化视为虚无缥缈的意识，那终将把文化的源头诉诸神明，导致唯心主义。根据文化是人化的思想，人类的一切文化都凝结着人类实践活动的创造性与主体能动性，也正是这种主体能动性创造了真切的文化实体。文化离不开人，人同样离不开文化。所以，在文化分类中，不能以狭义文化论代表文化的本质，在现代化新时代，应当综合物质、精神、制度等多层维度共同构建文化的新内涵。

第二节 中国传统文化内涵

在我国，普遍认为中国传统文化由夏朝开端。中国传统文化终究属于文化，这实际是给文化加入了两重限定，即中国和传统。

一、中国传统文化的含义

中国传统文化具体可分为三部分，即"中国""传统""文化"，它是中国古代思想家们在历史长河中发现的精神与物质精华。

"中国"二字，首见于春秋时期，起初指处于中央的地域，在那一时期，范围大致为东周王朝以及黄河中下游的部分诸侯国。经过秦汉发展，"中国"的范围有了明显扩大，包括了渭河平原的关中地区。元代时，统治者将其统治区域全部命名为"中国"，此后则沿用这种名称。"传统"二字释义为世代传承的具有自身特点的社会历史因素。这些历史因素中的精华，具有重要保存价值和生命力的文化就是"传统文化"。

将它们组合到一起,中国传统文化就是在中华大地上演化形成的反映中国民族风貌和民族特质的文化,是中国思想文化、科技文化、艺术文化、行业文化、建筑文化、民俗文化、宗教文化等等。

再将中国传统文化的各大领域细致划分,可分为以下几种。

(1)思想文化:儒家、道家、法家、墨家、名家、阴阳家、纵横家等。

(2)艺术文化:丝竹管弦与名乐名曲、文学佳作、棋类文化、书法、画作等。

(3)节日文化:春节、上元节、寒食节、清明节、端午节、中秋节、重阳节、除夕等。

(4)中医文化:《黄帝内经》《本草纲目》《神农本草经》《千金方》等。

此外,中国传统文化还包含多种内容,此处不再赘述。总的来看,中国传统文化应是在中国地域产生,具有历史性、生命力的中国特色文化。那么,这种中国特色文化是怎样产生的呢?它的根源又何在呢?

二、中国传统文化的根源

(一)地理环境

曾经盛行一时的"地理环境决定论"认为,任何历史现象、社会现象的出现都可以在地理环境中找到原因,并且这种原因是其主要原因。虽然我们不是"一点论"和"决定论者",但是可以将地理环境作为研究的基本出发点。

在地理层面,中国传统文化具有大陆农耕文化的特点。中国自然灾害较少,地震率、洪水灾害均少于海洋型国家,这也使中国人多了一份保守,不像海洋民族那样具有向外拓展的冒险精神。例如,古希腊、英吉利都属于海洋文化,他们靠海吃海,用大海的资源发展生产,这种行为模式使他们形成较为开放、拼搏、进取的冒险精神。

而中国与之形成极大反差。中国处于亚洲东部,三面均是大陆,只有东面临海,西部是古人口中的葱岭,阻断了与西方的交流,北方是阴山和寒冷的西伯利亚,南边是崎岖纵横的云贵川高原与山地。所以总体来看,中国的环境相对是比较安全、稳定、宜居的,在古代交通闭塞的情况下,中国也很难与其他国家发生联系或战争。

具体来讲，一方面，半封闭的环境使中国保持文化的独立性和完整性，不容易受到外来文化侵入，不会因为异族人、异国人入侵而导致文化出现断层或改变，而且由于中国人只受到自己国度文化的熏陶和滋养，对于这种文化有更深切、更饱满的感情，因而十分重视它；另一方面，中华民族发源地在黄河流域、长江流域，这些地域相对来说地势平坦、开阔，在政治、军事、农耕、生产等层面都比较便利，也更容易使国内统一和稳定，而国内统一有利于正统的文化进行传播，国外隔绝也避免了文化渗透。

此外，中国大部分地区是北温带气候，这种四季分明、降水均衡的气候对于农业社会的发展、文明文化的发展十分有利，加上土地富饶、物产丰富，这更使得中华民族发展过程从未中断，在文化层面上有极大连续性和一贯性。

（二）生产方式

中国地域宽广，平原众多，适宜种植五谷杂粮。一方水土养一方人，在源远流长的中国历史中，一直是自给自足的小农经济占据主导，长期的耕作与劳动养成了中国人民踏实肯干、勤俭朴实的性格特征。现代社会的国民命脉是经济，中国古代的国民经济命脉则是农业。在6000年前的古代就出现了这种农耕的痕迹，如仰韶文化的半坡地窖就有人类适应、改造自然环境的痕迹，考古专家还在华县和山西万全县发现过小米的痕迹，这些正是农耕文明的体现。仰韶文化主要分布于西北黄土高坡，黄土高坡由戈壁吹来的黄沙覆盖，渗水性强，水分在地底下还能够长期保存，在干旱时节仍然可以给农作物提供充足的养料，劳动人民利用这一点种植耐旱的谷物。在略晚于仰韶文化的大汶口文化遗址，人们也发现大量典型的农业用具，如石制的铲子、斧子、锄头等。

由此可以了解到，中国大陆农耕的生活方式使中国人自古产生农耕文化，而这种农耕文化滋养了中华民族几千年，所形成的生产方式和生活方式使中国古代劳动人民形成了热爱故乡、热爱农耕的情感，所以古诗词中常以思乡、农业为题。这种文章在中国大地更具有普适性，寄托了大家共同的情感。

这种生产方式培养了中国人民个体和群体的双重精神。就个人而言，农业耕作培养了中国人踏实肯干、勤俭持家、吃苦耐劳的品德。中国人的目光一直注视着脚下的土地，认为一分耕耘，一分收获，面朝黄土背朝天地创造财富和自己的幸福。与西方不同，西方的目光放在遥远大海之外，他们渴望探索，渴望冒险。这也导致了中国哲学更注重求善、求用，而西方哲学注重求知、求真的特征。

就中华民族而言，广大农民固守在自己的一亩三分地里，这里就是他们的"战场"，把庄稼种好，把孩子养好就是他们所有的任务。他们爱好和平，人与人之间的交往也注重和气生财。在历史上，中国也有一些盛世，如文景之治、贞观之治、开元盛世、康乾盛世，但是无论在哪个朝代，都很少主动去侵略他国，一般都是运用强大的军队威慑对方，或是驻守长城，维护国门安全。中国人主张安贫乐道、安分守己、安于现状，这是中国特殊环境和生产方式下形成的民族文化。

（三）政治结构

任何思想都有供其生长的"土壤"和"养分"，中国思想文化的"养分"就是中国的政治结构。

中国社会重视以血缘为纽带的宗法制，即通过血缘亲疏来判别人与人交往的远近关系，并且有阶层的划分。由于统治阶级维护既得利益的需要和农业生产的需要，政治关系不仅没有向地缘关系转变，反而延续着中国特有的宗法制度，这种制度极大地影响了中国传统文化的发展脉络。

由于外界交往、民族迁徙较少，中国的家庭伦理和血缘纽带比较被看重。宗法制主张族人共同祭祀祖先、尊重祖先，在同一宗族内要有稳固的联系，并且有家谱记载宗族关系。这种制度是由父系氏族家长制逐渐演化而成的，在这种社会，父系家长具有最高的权力。其主要特点为把宗族和国家两者合二为一。

这种制度影响下，中国文化出现了家国同构的特点，家庭与国家在结构、阶级、组织等方面都极为相似。换句话说，不管在任何组织、家庭中，都是以父亲为尊，其具有最大权力。根据考古发现，在大汶口遗址的墓葬中发现了男子仰卧、女子跪在旁边的墓葬形式，男子的随葬品也普遍多于女子，这大大证明了父系社会的真实性。这样一来，中国传统文化极注重父权，父亲就是一国之主在家庭中的缩影。这也导致中国千年来男性地位普遍高于女性，父系单系世系原则广为实行，任何家庭的后代均随父姓，不随母姓。

中国古代的宗法制具体来讲主要有以下几点内容。

第一，嫡长子继承制，即国王的地位、财产均由嫡长子继承。嫡长子是正妻生的长子，其他妻子生的孩子都是庶子，他们被分封到国家的诸侯国。这样一来，便于稳固国家的社稷，也便于维护嫡长子统治的稳定，这种继承方式对中国的影响无比深远。

第二，疆域分封制。根据《史记》记载，黄帝时代已有分封制，但这种制度具体起源于何时，学界众说纷纭难以考证。分封即天子把土地分给王室子弟，被分封的称为"诸侯"或"藩王"。他们的义务是服从天子的命令、为天子保卫疆土、随从出战、上交贡赋、定期朝觐。

第三，宗庙祭祀制。宗庙是古代中国祭祀祖先的重要场地。人类最原始的信仰有两种，一是天地信仰，二是祖先信仰。中国两者并重，祭祀祖先祈求风调雨顺，在《周礼》《礼记》《礼记正义》均有所记载，不过祭天活动只能是天子才能做，这体现了一种天地共生的原始思想。

三、中国传统思想与文化的发展历程

本书将中国传统思想与文化的发展历程简要分成六个阶段，分别是商周时期、春秋战国时期、秦汉时期、魏晋南北朝时期、隋唐至元朝、元末至民国。这六个时期分别代表了中国传统思想与文化在不同历史发展阶段的不同特征。

（一）商周：萌芽

从公元前16世纪商朝建立到西周灭亡是中国传统文化的萌芽期。这时的奴隶制社会步入空前繁荣的阶段，中国独有的文明开始逐步显现出来，但是由于生产力不够发达，人们对很多自然事件无法解释，习惯诉诸神秘性的宗教，对鬼神谈论甚多，认为上天的世界是客观世界的反映，所以有"天帝"，而不同的自然事物也有其神灵，如山神、水神、月神等。人要听从神的旨意，因此占卜术非常普遍。甲骨文就是记载占卜相关内容的，它们又被称作卜辞。这时的传统思想表现出强烈的自然崇拜、祖先崇拜、灵魂崇拜等迷信色彩。

总的来看，在周王朝，统治阶级注重论证自己统治的合理性，强调天赋君权，出现了阴阳、五行文化，开始认识到"德""礼""乐"，并讲求人本与人的主体地位，具体来讲内容如下。

首先，西周初年，周人将殷人打败，为了说明商纣王的暴虐无道以及周王朝天子的合理性，首要任务就是合理解释朝代更替的问题，于是开始有了"天命"

与"人事"紧密相连的说法。这时的中国文化具有鲜明的神秘性和宗教性。周朝主张"敬天保民",天是有意志的人格神,天子需"以德配位"。天子只有将自己本位之事做好才是有德,上天才会保佑黎民。

其次,"忠"的思想形成。"中"本有"中央"之意,逐渐演化成中正、公平,又逐渐演化为"忠"。先秦时期,"各设中于乃心"已经具有"忠"的意味。这是在封建统治下维系和稳固阶层关系的基础。

最后,已经发展出了"孝道"思想。这种"孝"不单单指对父母孝顺,也指对祖先虔诚的敬意,如"高宗谅阴"。在《论语》中有关于此事的论述,说高宗居丧,三年不参与政事,孔子表示古之人皆然,这大大体现了三年之丧的孝亲原则的普遍性。

这段时期的主要特点为天子与上天浑然一体,注重阴阳五行八卦,崇拜祖先、神明、天地,注重人内在道德,出现朴素的辩证法。

(二)春秋战国:初步形成

从公元前722年开始,历史进入春秋战国时期,这一时期也正是雅思贝尔斯所说的"轴心时代",是各地思想文化大放异彩、思想巨人"井喷"的时代。这一时期的显著特点是"礼崩乐坏"。春秋战国时期是分封制逐渐崩溃、中央集权制逐渐确立的过渡时期,大小战争共计200多次。在这种动荡不安的环境下,中国文化迎来了重大转变和发展。

首先,"圣王"观念开始萌发并逐渐成熟。"圣王"一词最早出现于《左传》,在各诸侯国冲突频发的时代,"圣王观"带有浓重的民本思想,人们希望在人与天之间寻求一个媒介,以满足自己对美好生活的需要。孔、孟、荀是"圣王"思想的代表,三者既有相似,又有不同,但不管怎样,三者都呼吁"圣王"对国家进行等级分明、稳定有序的统治,使社会恢复礼制,都推崇权力属于统治阶级。其次,德性与修养较之商周时期更受到人们的重视。众所周知,"礼"是春秋战国时期思想家共同的追求。孔子认为"克己复礼为仁",要强化内在修养,能做到"克己"。再次,除"圣王"以外,"君子"思想也逐渐发展起来,这是因为理想的"圣王"只是人们对理想统治者的向往与梦想,想要真正达到治世之目的,必须有现实性的统治者对凋敝社会进行思想理论与现实社会的重构,"君子"便愈来愈清晰地呈现在人们面前。"君子"最早只是代表统治阶级的人，后来被赋予了德行高尚、技能全面的时代楷模的内涵，它最早见于《尚书》，表述对王臣的尊称。在《诗经》中，"君子"已经开始有德性崇高的色彩，到了孔子时代基本成为人们理想的道德典范。最后，哲学家普遍认为人与天是合一的，如"观其会通"已经非常明确地表现出了这种整体性思想。另外，《黄帝内经》同样把人体和四时结合起来，如寒性与热性的病症应在不同的季节来调养，认为人应该直接对认识的众多对象加以全面地综合。此时的先贤和学者们，大多喜用"一体"一词，有时又称为"统体"这段时期主要的特点为淡化天的人格神意味，突出人的主体地位；注重仁义、道德；法的思想逐渐凸显；追求恬淡无为与顺其自然。

（三）秦汉：蓬勃发展

公元前221年，经历了"秦王扫六合"的残酷战争，秦朝中央集权的统治得以确立，这一时期必须统一全国的文化、制度、货币和度量衡。由于秦朝仅存在十几年便覆灭，在此将其略过，主要总结汉朝的主要思想。有学者曾把这一阶段作为封建社会的开端，此种说法在学术界造成广泛影响，极大地提高了人们对秦汉史的重视程度。首先，这一时期的"黄老"思想蓬勃发展。随着秦王朝的崩溃，统治阶级清楚地意识到一味劳民伤财只会加速王朝衰败，于是他们将黄帝与老子思想结合起来，主张顺势、无为。事实上，"黄老"思想的实质与核心应当依旧是老子思想，这种思想类似于"霸王道杂之"的权谋统治术。其次，春秋战国时期阴阳家思想受到推崇。在董仲舒这里，天变得尤为神秘，在这之外又有阴阳五行来阐述万物生长发展的规律，注重"五德终始""三统""天人感应"等思想。究其根本，这些都是为封建统治阶层寻找可靠统治依据，并稳固其统治服务的。这一时期思想特色为黄老学说蓬勃发展；而后儒学被抬到至高地位；天与人、天与帝的联系被拉近，被赋予神秘主义色彩。

（四）魏晋南北朝：逐渐完善

自汉朝后，中国的思想变得更加丰富，这也是诸子百家之后的又一重要时期。魏晋南北朝新兴的玄学对后世文化有极大影响，从少数民族而来的民族特色文化、从西域而来的宗教文化都影响了中国人民的思想文化。首先，魏晋时期出现何晏、王强的贵无派和欧阳建、裴頠的崇有派，注重探求幽远、探寻神秘，以《周易》《老子》《庄子》为理论基础，统称"三玄"。其次，在东汉初步孕育的道教的基础上，将其发展为多重完整的体系，如葛洪的《抱朴子》，主张自然的本源是"玄""道""一"。其中"玄"来自西汉扬雄的《太玄》，他认为万物有灵，人类可以通过炼丹进行修行，并创立了一套中国神仙体系，这种视野下的自然观和神仙观是魏晋的代表。再次，南北朝时期佛教思想本土化。佛教自东汉初年传入中国，并未产生重大影响，直到魏晋南北朝时期，儒学正统地位受到威胁，魏晋玄学逐渐流行。这时人们追求清谈与高雅，而玄学之追求与佛教有相似之处，这便为佛教的发展提供了广阔的精神土壤。这一时期极具代表性的文化遗产有山西大同云冈石窟以及敦煌石窟开凿较早的部分。这一时期思想特色主要为重虚无、清谈淡雅、消极避世的宗教思想。民族融合不断扩大并加深，促进了文化交流与社会变革。

（五）隋唐至元朝：思想多元化

世界格局有了极大变化，无论是东方的高丽王朝、中亚的阿拉伯帝国，还是西域及南亚的诸多王朝，都对中华文化有着深远影响。这一时代是文化融合、传统文化走向多元的时代。

公元618年，唐王朝正式建立。在基本的政治制度上，唐王朝沿袭隋制，统治阶级采取"重振儒术""三教并尊"等文化政策。不过，在唐高宗至武则天时期，尤其在武则天时期，儒学有所衰退。这是因为唐王朝是李姓，大力推崇道教。武则天时期不再推行道教，而儒家思想与她的统治政策也不相符，于是便大力发展佛教，在河南洛阳的龙门石窟就有武则天的造像。在唐朝开放包容的环境下，佛教僧人根据佛学的典籍，创造出中国本土化的佛教体系，其中禅宗的影响最大。

这一时期的唐王朝兵强马壮、经济发达、政通人和、氛围活跃，在世界的舞台上上演了一出出波澜壮阔的篇章，具体内容如下。

在教育上，唐朝确立了中央与地方分级管理的体制，形成教育、教学管理制度，扩大专业教育的范围，不仅教授四书五经，还向学子传授诗词歌赋。此外，将天文、算学等学问也纳入教育中。

在文学上，则达到亘古未有的顶峰，这时的诗歌创作可谓气象万千、异彩纷呈，其中的代表人物有诗仙李白、诗圣杜甫、香山居士白居易、樊川居士杜牧、摩诘居士王维等。此时的书画与雕塑艺术也是名作纷呈，有张旭、怀素的狂草、颜真卿的楷体，可谓争奇斗艳。唐代后，中华民族传统文化大致上已经形成，包含儒释道三足鼎立，包含医学、农学、天文学的各项经典著作，此后的文化多是在这一基础上发展而衍生的。

宋朝长期遭受北方民族的侵扰，国力逐渐衰弱，但可贵的是，宋朝在思想与文化上承接唐朝，濂溪先生周敦颐、横渠先生张载、程伊川、程明道都潜心研读儒家经典，传承传统儒学与"道统"，为儒学拨乱反正，为近现代新儒学开辟路径。他们以儒家思想为主，吸收了佛教、道家的思想，开创出以孔孟为主的新型理论体系，即宋明理学。理学思想成为南宋至清王朝统治阶层的主要思想体系，主张"存天理、灭人欲"，每物都有一个理，人要认清理，便要"内省"与"修身"。中国这种重内在、重仁义的传统思想文化也由此更加稳固，其对中华民族人民性格的塑造至关重要。另外，宋代的其他艺术也十分繁荣，宋朝诗词不同于唐朝的豪迈奔放，转而走上婉约抒情的道路，所蕴含的人生哲理，也别具一番韵味；宋朝造像艺术也更加细腻逼真；而由于理学主张求理，这时期的科学也得到飞速发展，如毕昇发明了活字印刷术，在天文、算数、农学、医学方面也都超越唐代，居世界前列。

此后，理学逐渐深入宋朝生活的各个领域，理学家们以书院作为研学的场地，这种方式也促进了教育的发展，而书院作为一种富有承载力的文化机构受到广泛关注，其发展受到统治阶级的大力支持。

到了元朝，国家实力强盛，社会局势比较安稳，蒙古国子学与回回国子学开设，阴阳学、社会教育、民族教育都得到普遍发展。这一时期具有强烈的时代特色的艺术是元曲，王实甫、关汉卿都是一代大师。在科技方面，郭守敬列出恒星表，并与王恂共同完成中国传统历法巨作《授时历》，取得重大成就。

（六）元末至民国：传统文化的转型与近代化

元朝末年，起义将领朱元璋带领军队推翻了元朝的统治，建立明朝。朱元璋为了统治的稳固，主张文化专制，大兴文字狱，用以钳制社会中读书人的思想。对国子学和其他教学场所的教师与学子均实行较为严苛的管理制度，如果触犯管理规范，轻则杖刑、充军，重则直接砍头示众。明朝曾下令毁掉全国的书院，这对教育的发展、文化的传承都造成了很大的不良影响。朱元璋还创立"八股取士"

制度，从四书五经选取题目，用八股作为形式、朱熹的著作内容作为答案，于是这时期的传统文化一改之前的蓬勃发展之势，呈现衰退迹象。

清朝步明朝的后尘，依然大兴文字狱，禁锢学子的思想。与此同时，欧洲在文艺复兴之下，取得了震古烁今的思想、艺术成就，促生了资本主义制度。值得注意的是，随着经济的不断发展，这一时期中国的市民阶层兴起，出现了一批启蒙思想家，如黄宗羲、顾炎武、王夫之、章学诚等人，在学术上取得不小的成绩。

直到近代，中国传统思想开始实现重大转型，开始意识到西学的重要性，出现了洋务运动、改良主义、戊戌变法、民主主义、天赋人权、三民主义、新文化运动，此时的口号为"救亡图存"。学子越来越认识到民族的重要性，认识到国家是个人的保障，爱国意识逐渐被激发出来，开始形成以爱国主义为核心的民族精神，书写时代的新篇章。

第三节 中国传统文化的现代阐释

一、中国传统文化的当代意义

中国传统文化的内容十分丰富，涵盖了社会生活的各个方面。中华民族优秀的传统文化在今天仍然发挥着积极的作用，并且被越来越多的国家所认可。

中国优秀的传统文化包含中华民族的语言习惯、文化传统、思想观念和情感认同，集中展示了中华民族广泛接受的道德准则、思想品质和价值观念，拥有非常深刻的思想内涵。弘扬中国优秀传统文化，应以爱国主义精神为核心，注重家国情怀、社会关怀和人格修养的教育，旨在提高人们的道德素养，塑造理想人格，提升政治素质。

对待传统文化，我们要有科学的态度。文化研究的价值主要有以下几方面：文化问题实际上是国情问题，具有认知价值；文化问题是人文素质问题，具有教育功能；文化是一种潜力巨大的社会资源，具有应用功能。社会主义文化建设要求我们建设中国特色社会主义文化，要深深地植根于人民群众的历史创造活动，继承和发扬民族优秀文化与革命文化传统，吸收世界文化的优秀成果。

（1）强化对中华优秀传统文化的教育，是推进中国特色社会主义教育和宣传中国梦的重要方面。中国特色社会主义道路是在继承中国五千多年悠久文明的基础上形成的，这条道路有着悠久的历史渊源和广泛的现实基础。

（2）为了推动中国优秀传统文化的传承创新，我们需要强化中国优秀传统文化的教育。在当今的全球竞争中，文化的地位和作用愈发显著，它已成为国家的凝聚力和创造力的重要源泉。

（3）培育和践行社会主义核心价值观，落实立德树人的根本任务，就要加强中国优秀传统文化教育。中国传统文化在两千多年前就形成了完备的理论体系和实用化的价值取向，它特别强调道德的感化作用和身教作用。在中国古代，道德人格在社会生活和政治生活中有着深刻的影响，甚至比法律更为有效，人们应首先考虑如何在错综复杂的人际关系中履行好自己的道德伦理义务。

二、中国优秀传统文化的现代解读

弘扬中国优秀传统文化是现代中国文化建设的重要组成部分，同时也是国家治理体系和治理能力提升的重要策略。中国特色社会主义道路、社会主义核心价值观和中华优秀传统美德都是国家治理体系的组成部分，而它们的源泉则都是中国优秀传统文化。

（一）社会主义核心价值观的源头活水

在特定时期，每个民族和其所创立的国家都会产生一套与其根本制度和社会发展水平相符的核心价值观，这种价值观可以主导和维系整个社会的思想和行为。为了实现中华民族伟大复兴以及建设中国特色社会主义，必然需要社会主义核心价值观的指引和支持。中国共产党强调，社会主义核心价值观必须扎根于中国优秀的传统文化之中，因为中国优秀传统文化蕴含着社会主义核心价值观的思想资源。党的这一观点，揭示了传统文化与社会主义核心价值观之间的辩证关系。

中国优秀传统文化是社会主义核心价值观的根源，因为这些价值观与我们民族的特点高度契合，并已经在我们民族中传承延续了很长时间。中国优秀传统文化中包含着治国理念"仁政"、民主思想"选贤举能"、发展道路"和实生物""利而不同"、社会理想"天下为公"、治国策略"刑政相参"、爱国情怀"苟利国家""不求富贵"、职业操守"敬业乐群"、处世之道"至诚尽性""言而有信"以及道德修养"仁者爱人"等,这些思想是社会主义核心价值观的重要源头,也是我们的信仰和行动指南。培育和弘扬社会主义核心价值观,有效整合社会意识,是社会系统得以正常运转、社会秩序得以有效维护的重要途径,也是国家治理体系和治理能力的重要方面。这里揭示的是"源头活水"的道理,这就从国家治理的高度凸显了中国优秀传统文化和社会主义核心价值观在治国理政中的重要作用。

(二)中华传统美德的资源宝库

我们应该加强社会的思想道德建设,以激发人们内心崇高的道德意愿和情感。这需要我们培养正确的道德责任感和判断力,能够更好地践行道德,发挥向上、向善的力量。最终,我们希望引导人们追求一种讲道德、尊重道德、遵循道德的生活方式。

只要中华民族能够不断弘扬崇高的道德精神,并将其代代传承下去,我们的民族就会永远保持蓬勃向上的前景。这段文字不仅说明了道德建设包括道德认知、道德情感、道德意志、道德信念和道德行为等不同层面,而且强调了道德建设对国家和人民的发展至关重要。

道德是涵盖精神领域的一种文化现象,文化则是它的载体。因此,中华优秀传统文化所包含的道德准则,即中国民族所拥有的优秀美德。中华文化源远流长,包容了中华民族最深层的精神追求,是中华民族不断发展壮大的一股强大推动力。中华文化蕴含着丰富的思想道德资源,而中华传统美德则是这些资源的精髓所在。只有保持对传统的敬畏和珍视,我们才能够迈向更美好的未来;只有在扎实继承的基础上,我们才能够更好地进行创新。中国早在两千多年前就出现了百家争鸣的景象,各种学派研究天文探究地理,塑造了博大而精深的思想体系。他们所阐述的许多思想,如孝顺父母、尊重长辈、恪守道德、遵纪守法、尊重自然、弘扬自力更生等,至今仍深刻地影响着中国人的生活方式。中国人对于世界、社会和人生有一套与众不同的价值观。中国共产党强调了道德建设的重要性,并强调从中华传统美德中充分汲取营养;概述了中国传统文化思想家的贡献和其道德思想对人类社会发展的影响。这种渐进式的逻辑关系,旨在突出中国共产党在现今社会主义道德建设中充分吸纳中华传统美德的有益因素的重要性，同时体现了中国优秀传统文化在现代社会的重要价值。

（三）中国特色社会主义发展的有利土壤

中国特色社会主义不仅是对马克思主义中国化的理论成果，还基于中国几千年的文化传统以及社会主义革命和建设的实践经验所总结出来的理论体系。"中国特色"是中国传统文化和独特风格的继承与展现，体现着中国的独特魅力。中国共产党人积极实践将中国特色社会主义与传统优秀文化有效结合的理念。独特的文化传统，独特的历史命运，独特的基本国情，注定了我们必然要走适合自己特点的发展道路。这就是中国特色社会主义道路。

中国特色社会主义是将马克思主义运用在中国社会实践中的理论成果，而马克思主义中国化是一种逐渐改进的历史过程，它尊重中国文化，顺应中国国情，并有助于中国的发展进步。这可以归因于马克思主义与中国传统文化在思想理念上的相互融合与共通点。中国优秀传统文化中的"力行"思想、治国平天下理念、中庸理论、大同社会理想与马克思主义的实践学说、改造世界学说、唯物辩证法、共产主义学说有显著的相近之处。正是由于这些相似之处，中国民众能够接受马克思主义思想，从而为中国特色社会主义理论体系的形成奠定了文化基础。中国特色社会主义理论不仅是马克思主义基本原理在中国实际社会主义建设实践中的综合应用，还融合了中国传统文化的思想精华，是马克思主义同中国历史文化相互渗透、相互融合的产物。

这些思想为中国人民接受马克思主义提供了宝贵机遇，同时也为实现马克思主义在中国的本土化提供了现实基础。因此，在推进中国特色社会主义的历史进程中，我们必须不仅凭借马克思主义理论的科学指导，也必须借助中国优秀传统文化的丰富营养和有力支持。

三、中国传统伦理道德在现代的扬弃

中国传统道德是中华民族思想文化传统的重要组成部分，是中国古代思想家对中华民族道德实践经验的总结，对中国传统文化、民族心理有着巨大的影响和作用。今天弘扬中华民族的优良道德传统，对社会主义的现代化建设有着重大作用。这就需要我们对传统伦理道德中的精华加以继承、发扬，对糟粕加以摈弃、改造和利用。

（一）传统美德应赋予时代新意

经过几千年的传承而发展起来的优秀传统道德，是古人留给我们的一大笔宝贵财富。它们所包含的思想和精神可以超越时空的界限，为不同历史时期、不同地域的人们所借鉴和利用，今天我们继承和发扬这些美德也是毫无异议的。但是，我们也应看到，这些优秀的道德传统是在特定的历史时期形成的，且有着特定的内涵和外延，服务于特定的阶级。因此，今天我们对这些传统美德的借鉴和利用，就不可能是对其本身的简单照搬照用，而应有一个发掘、提炼、再创造的过程。要完成这个过程，首先就要实现传统向现代的合理转换，使传统美德富有现代意义，为现代服务。

为此，必须对传统美德作出现代诠释，赋予其符合时代要求的新的含义，使其同现实衔接起来，为今天的政治经济、文化服务。例如，中国传统道德中的"公忠观"主要指臣民忠于封建统治者，忠于其王朝统治，今天对这种"公忠观"是应该继承的，但在社会主义时期，其内涵和外延就都将发生变化，忠于社会主义国家，忠于中国共产党的领导，忠于有中国特色的社会主义路线，忠于共产主义，都是这种"公忠观"的体现。

再如，中国传统伦理道德中的"礼、义、廉、耻"四维，在古代它们分别指"不逾节""不自进""不蔽恶""不从枉"。到了今天我们就应赋予其新的含义：礼，指对他人、对社会的文明礼貌行为；义，指助人为乐、捍卫正义的行为；廉，指忠于职守、廉洁奉公、全心全意为人民服务的精神；耻，指做人所具有的羞耻感以及对是非善恶的爱憎之情。如此加以再创造后的"礼、义、廉、耻"四维便具有了现实价值，可以更好地为现实服务。

对传统美德作出现代诠释，赋予时代新意，是继承和发扬传统美德、"为我所用"的必经阶段。

（二）弘扬精华，除去糟粕

中国传统伦理道德经过几千年的发展锤炼，已形成了一个范围广泛、内容丰富的博大系统。这里面既有民主性的精华，又有封建性的糟粕；既有积极、进步、革新的一面，又有消极、保守、落后的一面；还有精华与糟粕共存的部分。这对于植根于民族传统道德的社会主义道德来说，对它的继承就绝不是一个简单肯定或否定的继承，而应该是一个弘扬精华、除去糟粕的继承，是一个经过咀嚼、消化的继承。只有这样，才能保证社会主义道德在吸收传统道德精华的基础上得到进一步的发展，融传统与现代为一体。

对于那些在特定历史时期统治者为维护其统治而宣扬的，在今天看来是不合理、落后的，属于糟粕的部分要予以剔除。如中国历史上统治者为使人们服从其统治而大力宣扬的"君为臣纲，父为子纲，夫为妻纲"[1]的伦理思想，在今天要求人人平等，尤其是男女平等的现代社会中是不可取的。

对于那些具有先进性、积极性，在今天仍可以继续沿用的精华部分是应该发扬的。如"夙夜在公"[2]的整体主义精神，"己欲立而立人，己欲达而达人""己所不欲，勿施于人"[3]的仁爱精神，大丈夫精神、进取精神以及勤劳节俭、尊老爱幼、团结友善、廉洁奉公、律己宽人、明礼诚信等道德规范，在社会主义时期仍具有重要的社会价值，是我们应继承和发扬的。

对于那些精华与糟粕交织在一起的混杂部分，就需要研究、分析，筛选出精华部分加以继承。例如，中国传统道德基本范畴中的"仁"，在儒家学说中指一种分等级、分厚薄的爱，因为这种次第等级的"仁"符合了统治者安稳政局的需要，所以一直被提倡；但是墨家所指的"兼相爱"的"仁"，即没有等级、厚薄之分的博爱却被否定。今天，我们要继承这种"仁爱"精神，但也要排除其中的等级厚薄之分的成分，实行"博爱"。再如，《论语》中"君子喻于义，小人喻于利"[4]的思想，也是明显的精华与糟粕混杂的例子，因此，在继承时就要进行批判地分析。在今天看来，"君子"指有道德的人，"小人"指那种只顾私利而没有道德的人。但是，在中国古代，"君子"除了指有道德的人以外，统治者还将自诩"君子"，将身居下位的老百姓、妇女和没有道德的人一并列入"小人"之列。因此，他们总是强调自己是深明大义的，污蔑劳动人民是贪求蝇头小利的，统治者抛弃了"君子喻于义，小人喻于利"的前一种理解，即有道德的人是深明大义的，而没有道

---

[1] 董洪杰. 国学知识全知道[M]. 北京：北京联合出版社，2014：110.
[2] 陈成国. 四书五经上[M]. 长沙：岳麓书社，2023：340.
[3] 孔子. 论语[M]. 北京：华夏出版社，2017：206.
[4] 孔子. 论语[M]. 北京：华夏出版社，2017：35.

德的人是只知道私利的，其目的完全是巩固他们的统治；在今天，当我们继承这种思想时，就要抛弃封建统治者的后一种理解，取其原本意义上认为只有道德的人是深明大义，而没有道德的人是贪求私利的精华部分，并加以改造，使其在今天社会主义市场经济中发挥更大的作用。

弘扬精华、除去糟粕是继承中国传统道德的基本原则。我们要充分利用这一原则，发掘、吸收、改造传统道德，使之更好地为现代社会服务。

（三）传统伦理道德对学校德育的影响与启示

中国独特的传统伦理道德，不仅在促进中华民族的文明进步方面发挥了重要作用，而且在现代社会仍具有不可忽略的实际价值和积极影响。这些德育内容、德育原则和方法等，对于现代学校德育的实施具有重要的启发和借鉴意义。借鉴和采纳先进合理的经验和方法，可以促进学校德育工作的推进。

我们需要推崇传统道德价值观的整体思维方式，以此来培养青少年学生的爱国情怀。传统道德伦理一直强调群体和谐的重要性，即为了民族、国家和社会的整体和谐而自愿奉献。儒家思想的"公忠观"是这个思想的核心，这个思想曾经培养了一代代爱国志士，为历史的进步和民族的繁荣作出了不可或缺的贡献。今天，我们仍应该从中吸取经验教训，并加以借鉴。

我们需要坚定不移地践行传统道德中的"义胜于利"的理念，以此来帮助青少年学生形成正确的价值观。在中国传统道德中，有许多观点和主张涉及义利关系的问题，但其中主导的原则是将义看得比利更重要，认为应该以道义来约束利益，并且在利益和道义之间选择时，应当以道义为先。这一原则表明，"利"需要遵循理性限制，不能被获得不正当的财富所影响。这种道德观念具有进步性和合理性的特征。在社会主义市场经济的不断发展中，人们越来越重视道德与金钱之间的关系。市场经济环境下企业家既要在竞争市场中追逐利益，又不能违背道德准则，这就要求相关人员帮助民众正确处理金钱与道德的关系。如果不妥善处理这个问题，甚至会导致一些人因图谋财富而放弃道德和义务。现今年轻人面对社会上盛行的贪图私利、欺骗消费、冒充劣质等恶劣行为，应该努力提高自身的抵抗力，正确看待"利益"，并且积极培养公共责任意识，带头反腐倡廉。学校德育的重要任务之一是培养学生正确的"义利观"，这应该得到足够的重视。我们可以挖掘传统道德中有关义利观的积极素材和思想，在对当前社会中存在的各种不良现象加以批判的基础上，教育青少年学生树立正确的态度，建立健康的物质利益观。

学校应该吸收传统道德中有益的气节观念，以此来培养青少年学生自尊、自强、自立的人格素质。维护自己的尊严和人格，保持坚定的态度，是我们民族长久以来传承的优秀品质。传统道德中的"气节观"不仅塑造了历代志士仁人独立自主的人格，也在鼓励他们为维护祖国统一而不懈奋斗中发挥了重要作用。

尽管当下的国家快速发展、繁荣昌盛，但青少年却面临着随着经济增长和改革开放不断推进而涌现的不良风气与丑陋现象的冲击。在这个复杂的社会背景下，青少年学生应该培养自尊和自强的个性，保持坚定的立场和执着于正义。另外，青少年学子应该承担起精神文明建设的责任，率先传承正派价值观，为清除不良现象、维护国家安宁作出贡献。因此，学校必须努力加强对学生的独立人格培养，使他们在学习和生活中培养传统的"气节观"，从而成为对社会有所贡献的新一代人。

中国传统伦理道德蕴含着许多珍贵而丰富的内涵，包括人道主义精神"仁者爱人"、处事之道"以和为贵"、奋发精神"刚健有为"以及进取精神"自强不息"等。这些内涵在当今的学校德育中仍然闪耀着它们应有的光辉。除此之外，我们还可以借鉴和利用传统道德教育的方法，如强调学与思的结合、反省内心、慎言慎行，以及家庭、社会和学校共同参与的德育途径等。此外，德育的任务还应包括知识、情感、意志、言行和能力的培养。只要我们认真探索并充分利用，就能使传统伦理为学校的道德教育提供丰富的思想资源。

四、中国优秀传统文化的现代价值

（一）文化强国的历史支撑

我国优秀的传统文化，是文明的源泉和宝贵的历史遗产，也是世界上少有的精神财富，更是我们实现文化强国的历史支撑。因此我们应该熟悉传统文化，研究传统文化，尊重传统文化，做到取其精华、去其糟粕、继往开来、综合创新。

1. 铸塑文化强国的民族自豪

优秀传统文化给予的中华儿女的民族自信，是对文化强国的历史支撑。中华民族有五千多年的文明史，博大精深，源远流长，是世界上少有的文明古国。如秦皇汉武的文治武功、唐宗宋祖的盛世雄风、明朝郑和七下西洋、大清初期的康乾盛世等。

今天，中国走上了特色社会主义的发展道路，走向了民族伟大复兴的壮丽征程，发展并传承了中华民族的浩然正气。以爱国主义为核心的民族精神，是对其历久弥新的传承，成就了我们这样的民族历经磨难而不衰，千锤百炼而更坚强的气概，引领我们建设中国特色社会主义，建设文化强国，创造新辉煌，今天的我们满怀信心、无所畏惧，充满了民族自豪感。

2. 支撑文化强国的文化自觉

要想实现中国特色社会主义现代化，就必须要建设文化强国。这就需要我们自发地去追寻并构建历史传统的支柱，也就是优秀的传统文化。当代中国的经济、政治、文化、社会和生态文明实践是建设文化强国的根本所在，也是弘扬以改革创新为核心的时代精神。

3. 感召文化强国的心理自信

建设文化强国需要文化深层的力量。文化本身没有先进和落后之分，但是先进文化的根基，能够为人类文明的进步提供无形而持久的支持，是一个民族或国家在跨越时代变革中保持自我的标识。要想弘扬中国优秀传统文化、建设中华民族共有的精神家园，就要坚持并发扬光大文化的民族性和大众性。文化强国的国民，对自身文化的历史传统总是感到自豪和自信。

（二）促进人与自然和谐共生

中国优秀传统文化包含着非常珍贵的处理人与自然关系的内容。从老子"道法自然"的学说，可以引出人类要遵从自然的法则、不能总向自然索取的观点，这在今天看来多么宝贵，而这种先进的自然观产生于2500年前。

今天，人们为因不择手段的发展使生存环境遭到破坏而悲哀的时候，当因认识到自然界正在无情地惩罚人类以怨报德而悔恨的时候，当为再也无法使那些因物质文明的进步而成种群成类别消失的动植物复苏而伤痛不已的时候，人们或许能从高天的长风里听到两千多年前中国先贤发出的智慧的呼声。

中国优秀传统文化蕴含的"天人谐和说""回归自然观"，追求自然、社会、人际、人与自然的全面和谐,为我们正确处理人与自然之间的关系提供了一套精辟的思想方法。进入21世纪,伴随"全球化"进程的推进,现代化所蕴含的发展与代价、成就与丧失、进步与退步等内在矛盾也在更深刻的层面和更广泛的程度上彰显出来。现代文明面临着前所未有的危机。

(三)促进和谐社会、和谐世界的构建

1. 为构建和谐社会提供强力支撑

在构建和谐社会的过程中,伴随商品化程度的提高,追求个人利益的最大化成了人们生存的目标之一。同时人与人之间也产生了一些问题。生活在快节奏的现代社会的人们对物质财富的需求急剧上升,人与人之间的摩擦增多。

纵观我国传统文化的和谐理念,不难领悟"身心和则康,家庭和则福,人际和则安,社会和则治,自然和则美"的道理。要认真汲取传统思想文化精华,深入领会党的建设和谐社会的创新理论,在推进现代化进程中更好地发挥优秀传统文化的独特作用。

2. 为构建和谐世界提供宝贵借鉴

(1)"爱好和平"是中华民族精神的重要内涵。"亲仁邻善""讲信修睦"等充分表现了中华民族在处理民族问题上的宽大胸襟。

(2)"和而不同"是中国优秀传统文化的价值理念。在两千多年前,有一群知识分子,他们虽不同而和、虽不比而周,但其想人之所想、急人之所难;他们奉行"老吾老以及人之老,幼吾幼以及人之幼"的准则,他们尽管性情不同、出身不同、成就不同,但是在"忠恕"的感召下,都践行着儒者的光荣与梦想,体察万物,悲悯苍生。

(3)"忠恕"是中国优秀传统文化的处事心态。"忠"是要极尽所能,就是以尽己之心去付出和助益;"恕"是要量体裁度,就是以待人如己之心去换位和体谅。所以"忠"与"恕",与"仁"与"义"一样,是一对相互辅助又相互制衡的概念。

中国一直秉持和平发展的理念,努力推动世界和谐共处。若是不深入研究中国的历史、文化、精神信仰以及当今中国的深刻转型,就难以对中国有准确的认知。中国能够承担自己应有的国际责任,这归功于中国悠久而和谐的传统文化。

中国坚持平等互信，坚持国家不分大小、强弱、贫富，一律平等，正是使用"和而不同"思维的真实体现。中国致力于推动国际关系的民主化，尊重主权，维护世界和平，同国际社会一道推动建设持久和平与共同繁荣的和谐世界。

（四）以德治国、以文化人的根本

中华民族历来有崇德重德、以文化人的传统，这一传统不仅滋养了伟大的民族精神，还创造了源远流长的中华文化，并且成为中华民族生生不息、发展壮大的精神营养和强大动力。在今天，中国的发展，需要建立在对历史和传统文化的深入了解的基础上。

中国优秀传统文化与时代精神的融合，体现了追求自我发展、自强不息、勇往直前、积极进取的深刻内涵。当代人应具有担负起社会和历史责任的意识，以及对祖国深厚的热爱之情，以现实为依据，展望未来的态度和视野；强调兼顾道德与利益，以道义为主导；以尊重为基础，理解和关心他人，包容并积极合作，互相帮助和奉献。

常见的品德不良和诚信缺失行为正在侵蚀人与人之间的社会信任，进而对社会及个人和谐造成了严重威胁。因此，全社会必须迅速采取行动，激发尊德敬善、全民修养的意识，这是一项紧急且迫切的重要任务。具体而言，就是要将明大德、守公德、严私德作为个人的行为准则。

（1）明大德，培养高尚品德，打造坚实的精神支柱，巩固理想信念。一个人的理想信念是体现其个人世界观、人生观和价值观的集合。当一个人拥有远大的理想信念时，他就会获得正确的道路指引和强大的内心支持，使自己远离任何不良的思想影响。他将勇往直前，坚定地投身于伟大的使命中，无惧任何困难险阻。

（2）守公德，遵守社会公德，增强文明意识，调整人生方向。一个人的文明素质可以从他对文明的意识和行为中体现出来。加强对文明的认识和重视，在提高公民文明素质方面起着至关重要的作用。一个懂文明、有修养的现代公民，应该具备优秀的文明礼仪。目前，我们在倡导和实践社会主义核心价值观中，注重强调品德修养和文明素养，这在许多方面需要着重关注。然而，值得特别关注的是从中国优秀传统文化中汲取营养，并充分发挥其在慰藉心灵、塑造文明、涵养个人和社会方面的重要作用。利用中国优秀传统文化所蕴含的丰富的思想道德资源,来增强全社会的文明意识,具有深刻的意义。

(3)严私德,保持高度的个人道德标准,加强自我意志的培养,恪守人际交往的基本规范。修养好比一面镜子,反映一个人的品德水平、行为准则与心灵追求。在我们的日常生活中,有些人会被名利所吸引,而放弃自我原则;还有一些人会被金钱的诱惑所吸引,这些人的行为不仅会带来严重的社会影响,也会为其自身带来深刻的教训。

第四节 儒道文化的研究与发展

一、儒家文化

我国传统文化的核心部分是儒家思想,其所囊括的教育理论和文化资源是广泛而深刻的,因此非常适合用来培养人才。孔子是儒家学派的创始人,也是一位著名的大教育家,他在私人办学方面开创了先河。他在曲阜聚徒讲学,强调教育应该不分等级,提出"有教无类""诲人不倦"等重要教育思想。从那时起,儒家的学生们沿袭孔子重视教育的理念,并在长达两千多年的传承和历练中,逐渐发展出了一套完备而成熟的教育系统。即使用现代的观点来审视,人们仍然可以感受到儒家教育思想所散发出的宝贵价值。儒家思想虽然旨在维护封建统治,但其内涵包含了许多卓越的思想财富,在当今高校思政教育中仍具有重要的意义和价值。思政教育的主要价值在于增强学生的道德素质,同时提升我国文化的软实力。尽管近年来思政教育有了相当大的进步,但事实上随着经济社会的发展和社会多元文化的兴起,思政教育也面临着许多机遇和挑战。通过辩证地将儒家思想纳入思政教育的范畴,能够给课程创新与改革注入新的动力和因素。它既有助于传承和弘扬传统文化,也是推动中国特色文化建设的必然要求,而且也是对"促进文化大发展大繁荣"的号召作出的积极回应。

(一)儒家思想的形成和发展

中国传统文化的主干是儒、释、道三家思想的结合,其中儒家与道家都形成于先秦时期。河南安阳等地出土的甲骨文显示，早在四千多年前，中国大地上的先民就已经能使用大量的文字进行记录。有关对这些文字和青铜器的研究，证明夏商周时期已经形成了古代社会最重要的两个制度：宗法制度和礼乐制度。西周春秋时期，孔子继承了这些制度，在保留传统天命思想的基础上摒弃了对神鬼的崇拜思想而重视世俗生活，提出"克己复礼""仁者爱人"等一系列影响深远的政治思想，具有浓厚的人文主义精神。晚年的孔子醉心教育，孔门弟子三千，其中达者有72人。此外，孔子还致力于整理编纂重要的典籍，使得《诗经》《尚书》《周易》等书籍得以流传并成为儒家学派的经典。

战国时期，儒家学派一分为八，其中影响最大的是孟子和荀子，他们分别从"性善"与"性恶"两方面展开对人性的探讨。孟子对儒学的发展在于提出了"仁政"思想，荀子则提出"隆礼"与"重法"，被认为是儒家学派中相对激进的一派。在经历了秦统一后焚书坑儒后，汉武帝采纳了董仲舒"罢黜百家，独尊儒术"的建议，为了顺应封建王朝统一的需要，董仲舒的儒家思想是在继承先秦儒家思想的基础上，杂糅了黄老形名学说和阴阳五行理论的新儒学，政治上他宣扬君权神授，提出所谓"天人感应"，伦理上则提出"三纲五常"，在促进儒家思想向前发展的同时也造成人们思想的禁锢。

北宋明时期的儒学经过周敦颐、张载、"二程"的发展，形成"理学"，并在南宋时，经朱熹的进一步完善而到达儒学新的高峰。理学的实质是儒、释、道的合流，讨论的主题是"性与天道"。外化的"理"被认为是宇宙本源和万物主宰，内化在人心里的"理"则是"性"，也就是儒家一贯强调的"仁、义、礼、智"等品质。南宋的陆九渊在理学的基础上提出"心外无物"，认为"心"和"理"是完全对等的，提出"心皆具是理，心即理也"[1]的主张，形成与朱学的对立思想。明代的王夫之继承了陆九渊的心学理论，他提出"致良知"和"知行合一"的概念，又将儒家学说推上了新的理论高峰。

（二）儒家思想的主要特征

儒家思想在历史上长期作为封建王朝的正统思想，其主要特征首先在于强烈的入世进取精神，相对于道家的山林隐逸思想和释家的空寂思想，儒家入世思想

---

[1] 陈谷嘉. 中国理学伦理思想通史明代卷[M]. 长沙：湖南大学出版社，2020：206.

强调个人的社会责任，强调"经世致用"。其次，儒家思想对于"善"的道德修养有着不懈的追求。儒家崇尚道德修养，有着刚强自健的人生理想，以尧、舜、禹、文王等先代圣王和孔子、孟子等圣人为道德榜样，讲究修身为本，这构成了入世进取精神的基础，即"修身""齐家""治国""平天下"。《大学》开篇即是"大学之道，在明德，在亲民，在止于至善"[①]，其后又有"物格而后知至，知至而后意诚，意诚而后心正，心正而后身修"[②]的修养途径，通过这样不断深化的自身修养过程，臻于"内圣外王"的理想状态。最后，儒家思想以维护封建王朝的统治为己任，其"正统"思想"三纲五常"的伦理观作为特征之一固然有维护当时社会稳定、鼓励士人求学上进的作用，但事实上也不可避免地造成了对人们思想的钳制，不利于思想解放和时代进步。

（三）儒家思想的研究

1. 研究目的与意义

（1）研究目的

从汉代开始，逐渐频繁的中外交流进程中，文化交流取得的影响最为深远。其中，丝绸之路的开辟，东亚诸邦大量的遣唐使，宋代又开辟了海上丝绸之路，明朝又有郑和七下南洋的壮举等，这些都使得中国文化深刻地影响了世界。众所周知，中国传统的伦理道德体系脱胎于儒家伦理观。中国自古被称作"礼仪之邦"，儒家伦理道德思想为此贡献颇多。至今东亚许多国家都奉中国文化为正宗，以儒家德育思想为重要的道德教育手段。

近年来，虽然高校思政教育工作得到长足发展，但事实上对传统文化特别是儒家思想的辩证继承仍有不足，造成高校思政教育在强调马克思主义世界观，却不能将中国特色和传统更好融入思政课堂。因此，发掘儒家思想中有益于思政教育的成分并使之有机融入教学中，是高校思政教育发展所面临的主要问题。

（2）研究意义

首先，儒家思想是构成我国古代灿烂文明的重要基础，在经历了漫长的发展历程之后，儒家思想在当代思想道德教育中依然拥有无可比拟的价值。将儒家文

---

① 大学中庸 [M]. 西安：三秦出版社，2018：1.
② 大学中庸 [M]. 西安：三秦出版社，2018：15.

化融入高校思政教育中，不仅可以给当前的思政教育注入新的活力，而且有利于学生对传统文化的了解和认识，利于经典和传统的继承与发扬。其次，儒家先哲"知行合一""德智统一"等学思结合的教育思想，为建设有中国特色的高校思政教育提供了丰富的借鉴和参考价值。

2. 国内外对儒家思想研究的现状

（1）国外研究现状

中国文化历来是各国学者研究的重点与焦点，各国对该课题的研究都有不同视点不同层次的成果。亚洲各国尤其是韩国、日本、新加坡等，注重将中国儒家思想中的伦理道德学说与国民道德素质教育相结合，形成既具本国特色又有浓厚儒家色彩的道德教育体系。西方世界对于中国文化的研究也有相当长的历史，但事实上儒家的伦理道德观迥异于"天赋人权"的西方价值观，而且西方社会历来奉行的"欧洲中心论"思想也制约了西方对儒家思想的认识与研究。近现代以来一部分西方学者将视线转移到具有独特价值的儒家思想上。

（2）国内研究现状

《关于进一步加强和改进大学生思政教育的意见》颁发后，全国高校思政教育工作者和专家学者在不同领域和层面开展了广泛的研究和工作，并取得了显著的成绩。随着"国学热"浪潮的兴起，传统文化特别是儒家思想再次激起了大众研究和学习的热情。尤其是从中国传统文化入手，探究儒家学说对高校思政教育的启示或意义。本书基于国内现有研究状况的基础，以儒家思想为核心，从高校思政教育的继承性和发展现状入手，探究儒家思想对思政教育的补益性作用和教学中的应用措施，旨在促进当今高校思政教育发展。

二、道家文化

（一）道家思想的形成和发展

道家思想的形成和发展，可以从以下几个阶段进行分析。

第一个阶段：以老庄之学为代表的先秦道家。这一阶段的道家以老子发轫，至庄子而集道家之大成。

第二个阶段：汉初黄老之学。黄老之学最初形成战国末年齐国的稷下学宫，至汉初也蔚为大观，进入了它的黄金时期。道家以黄老的形态表现出来，在汉初形成了一些自身独有的特点。

第三个阶段：汉末的道教。汉末道教的形成是道家发展的一种变体。汉初黄老之学实际上只是一个相当短暂的时期，汉武帝独尊儒术，而后佛教传入，中国思想文化出现了一个很大的转向，到汉末道教的产生，这些都是具有划时代意义的大事。汉末道教实际上继承了道家思想的某些方面，把老庄、黄老宗教化，并与神仙长生、民间巫术相结合。同时在汉代的文化大背景下，道家也借助于道教的形式得到某种程度的发展。

第四个阶段：魏晋玄学。玄学实际上是儒学与老庄之学的融合，所谓三玄即是指《老子》《庄子》和《周易》。《老子》《庄子》是道家经典，《周易》被称为儒家五经之首。玄学的代表人物何晏、王弼、阮籍、嵇康、向秀、郭象等，都是老庄的信徒，所不同的是，其中何、王推崇老子，向、郭推崇庄子，而阮嵇则得老庄那种独任清虚、离尘脱俗之道家精神气质。

魏晋玄学以后，道家的发展仍不绝如缕，至当代还有新道家之说，但相对于先秦汉魏道家而言，既没有出现大的道家代表人物，也未能形成有影响的道家流派，当然道家的精神还是存在的，整理注释老庄之书者代不乏人。

（二）道家学说的精义

《老子》开篇第一句就是"道可道，非常道"，老庄学派的学说就是以"道"为中心观念展开的。老子讲"人法地，地法天，天法道，道法自然"[①]，庄子讲"道"是"在太极之先而不为高，在六极之下而不为深，先天地生而不为久，长于上古而不为老"。[②] "道"是老庄哲学中的最高实体、万物本源和自然法则，"道"的本性是自然、无为，道法自然、道常无为是道家思想的核心。

"无为"是道的根本特性，"无不为"是顺应道之自然特性行为处事的必然结果。无为是顺应自然的本真状态。道就像水滋润万物生长一样，是自然而然的。圣人以"无为"的态度来做事，用"不言"的主要手段去教导别人，像道一样任凭万物自然地生长变化而不去干预，生育万物而不作其主宰，促进万物而不自恃有能，成就万物而不自居其功。人所要做的就是辅助万物去自然发展，不勉强按

---

① 李耳. 老子[M]. 呼和浩特：远方出版社，2007：1.
② 南怀瑾. 庄子諵譁下[M]. 上海：上海人民出版社，2021：898.

自己的意愿去行事。所以，老子主张无欲、无知，"绝圣弃智""少私寡欲""致虚极，守静笃"，回复到人原初的自然状态，庄子也认为，"知其不可奈何而安之若命，德之至也"。①

无为在政治上的体现，就是无为而治。道家把无为视作最高的政治原则，反对统治者劳民扰民，横征暴敛，与民争利。汉初黄老之学是道家"无为而治"理论的延续。秦亡汉立，立国者正视天下大乱造成的民生凋敝、百废待兴的社会现实，汉文帝、汉景帝等都把黄老之学无为而治的主张作为治国的指导思想，施行轻徭役、薄赋税等让百姓休养生息的政策，开创了汉初"文景之治"。作为一种极富智慧的执政艺术，无为而治也受到儒家的推崇，认为君主选贤任能后，就应该垂拱而治、坐待其成，道家无为而治的政治理念与此不谋而合。

---

① 南怀瑾. 庄子諵譁上 [M]. 上海：上海人民出版社，2022：318.

第二章　高校思政教育概述

随着我国教育改革的推进，立德树人这一理念成为各阶段教学的重要目标，在此背景下，思政课程成为高校教育体系不可或缺的内容。本章将从高校思政教育的内涵、高校思政教育原则、高校思政教育发展、高校思政教育课程设置四个方面对高校思政课程进行概述。

第一节　高校思政教育的内涵

一、高校思政教育的理论指导

（一）以学习贯彻党的二十大精神为原则

高校应以二十大精神以及习近平总书记在新时期的讲话作为思政教育的指导原则，并以理想信念教育为思政教育核心，不断深化和改革高校思政教育，使学生通过思政教育学习，激发出无穷的政治活力，促进思政教育工作者进一步解放思想，不断完善教育体制，以此提升高校思政教育质量和效率。

（二）以实现中华民族伟大复兴的使命为指引

我国作为拥有悠久历史文化的国家，在不同时期都有过辉煌的成就。进入新时期，高校思政教育应以实现中华民族伟大复兴的使命为指引，加强高校学生的政治意识、学术意识，以此培养出高质量的综合型人才，从而为实现中华民族伟大复兴作出积极的贡献。

(三）以客观认知重要特色和国际形势为理念

在新时期全球经济一体化已经成为主要的发展趋势，我国为凸显社会主义制度的优越性以及综合国力，必须重视高校学生政治意识、综合素养的培养，才能有效提升我国国际竞争力。

因此，在高校思政教育中，应以客观认知重要特色和国际形势作为思政教育的理论指导与发展理念，充分体现我国高校与时代发展同步的超前意识，使我国高校学生在政治思想与行为意识上都能关注国家的发展动态，为国家发展贡献自己的力量。

（四）以高校师生思想意识的发展变化为目标

高校思政教师应担负起对高校大学生进行思政教育的重任，努力提升自身政治素养，结合我国社会主义发展目标，根据学生的学习能力、认知水平以及实际生活和社会环境，从思想和行为上影响高校学生，并以自身的政治素养构建文明核心的政治环境，力求让学生在学习和生活上，都能以良好的政治素养标准要求自己。

二、高校思政教育的特征

（一）客观性与主观性统一

思政教育教学既包含客观内容又注重主观形式，在教学实践中运用了辩证统一的思维方式。它综合考虑了思政教育教学实践活动中各种现象之间的关系，同时把握教学的特点、本质，体现了对思政教育教学实践活动的普遍概括和反映。思政理论课教学的客观性与主观性的统一可以通过以下两个方面来体现：第一，课程内容必须有客观来源，不能脱离客观实际存在；第二，从形式上讲，它是基于主观的，它是对客观存在这一内容的一种反映形式。个人凭借自身的主观能动性，能够主动地思考和反思教学实践中的具体内容，并对它进行改造。如果没有对教学实践的客观内容进行主动思考和理解，那么在思想政治教育教学中，就无法达到客观性和主观性的统一。

思政教育教学的客观性指的是其教学内容来源于该门课程研究的特定领域的

教育实践，涵盖具体的高校思政课堂教学和实践教育。此外，其内在的本质和规律性是基于客观存在的，不受教育者主观意识的影响。这一范畴涵盖思想、知识与行为，以及思政教师与学生、理论教学、实践教学以及管理教学等方面。它们都与意识层面有关，但并非源自个人主观意愿。此外，理论灌输与情感共鸣也是属于这一范畴的内容之一。思政课程的建构源于实际操作，其基础是教学实践，需要对实际情况进行科学分析和抽象化处理。因此，它跟那些独立于人们意识之外的、不由人类意志控制的客观实在性的物质有所不同。思想政治教育教学是对教学实践的实质与规律的表现。因此，就其内容来源、构建过程和发展趋势而言，它皆呈现客观性。

在研究理论问题时，我们需要充分发挥主观能动性。思想政治理论课教学的研究领域包含客观实在性的原材料。这些原材料需要人们发挥主观能动性并通过大脑的创造性思维进行加工制作，使其表现形式具有主观性。这种加工制作过程实际上就是对客观实在进行理论思维的创造活动。

（二）整体性与教育教学的层次性统一

思想政治教育是保持和发展党的意识形态工作的重要组成部分，也是提高公民思想道德素质的重要方式。思政教育教学作为本学科理论体系的基础，旨在通过理论指导实践，从感性认识上升到理性认识，形成具有前瞻性的教育内容，并在教学实践活动中起到导向指引作用。思想政治教育必然具有一种价值取向，体现在两个方面。

一方面，思想政治教育能引导大学生在社会实践中发挥自身作用，提高他们的思想观念和精神境界，推动他们全面发展，增强精神力量，促进社会主义核心价值观在教学实践中与学生的思想观念和政治观点相融合，激励学生自觉接受并树立社会主义核心价值观，积极为实现中国梦而努力。

另一方面，它为教师在教学实践活动中提供了客观的评价标准，引导着教育教学的改革方向，推动教学理论的创新与进步。在思政教师以马克思主义为指导的教学中，学生能够获得对于价值选择和社会价值取向的导向指引，从而形成符合社会发展需要的道德规范和优秀思想素质。实现教学目标的关键就在于思政教育教学的导向指引。这种指引不仅符合促进社会和个人全面发展的要求，而且也满足了马克思主义理论与时俱进和教育多样化发展的需求。

思政教育教学中的整体性，不仅表现在每个教学阶段和环节的贯通衔接，而且还体现在教学内容的整体性。在进行思政教育教学时，我们应注重传授马克思主义理论知识，并不应把掌握某一具体知识作为教学的首要任务。因为若偏重于这一点，学生将难以理解并掌握该教学内容所蕴含的思想，也无法实现对知识和思想的转化。

思想政治教育的教学过程是一种系统性和完整性极强的课程。它不仅可以整合各种性质和类型的教育因素，而且可以帮助大学生将感性认识和零散的观点整合成为整体的思政素质。其中最重要的一点是通过教学，使学生将对于马克思主义理论的价值立场和观点等方面的认识转化为信念。因此，在教学过程中，必须重视整体性的概念，体现思想政治教育教学的体系建设的整体性的特征。思想政治领域的范畴系统是一个由多个要素和层次构成的整体结构。这个系统的变化和发展反映了辩证逻辑整体的运动过程，其中不同的要素和层次之间、整体内部的不同要素和层次之间以及整体与外部事物之间都存在着各种联系。作为学科体系的重要组成部分，思政教育教学需要以清晰的思维方式来系统地呈现其要素和层次，以便教育者和受教育者从中受益。思政教育教学体系详细阐述了各个要素层次及其范畴之间运动轨迹和规律的本质特征。

思政教育教学是一个完整的教育体系，它包含了不同的教学层次。思政教育教学体系的分类是基于逻辑思维的规则和运作方式的，这样就形成了一种逻辑严密、科学合理和有序的分类体系，它包括起点、中心、中间阶段、成果和终点等不同范畴，这些范畴之间的关系具有合理性和有序性。高校思政教育教学以中心范畴为核心，紧扣起点、中项和成效等范畴，以动态的方式不断发展和变化，直至达到终点范畴。这个过程简洁地展示了高校思政教育教学体系中各个要素和层次之间的内在联系以及运动变化的本质规律，使人更易于理解。思想政治教育的整体属性意味着它必须具备完整的体系，各个要素必须明确地分层排列，并以合理有序的方式相互联系，这样才能准确地反映思想政治教育教学的本质规律。由于高校思政教育教学具有整体性的特点，因此其各个结构和层次之间是相互关联、相互作用的。一方面，整体性表现在系统和要素环节之间具有稳定的联系，也就是说，在该教育范畴中，各个具体范畴都有固定的位置和作用；另一方面，教学中的不同层次之间相互关联，也就是说，每个逻辑层次之间都有一定的逻辑关系，并且是相互联系的。这个教学体系之所以可以稳定、形成结构，是因为其中的各个要素和层次之间存在密切的联系。结构的存在和系统的构成都依赖于关系，各个元素之间能够稳定互动才能形成相互稳定的关系。任何事物的整体特性都是通过各部分之间相互依存和相互制约的关系来表现出来的。

在整个思政教育教学体系内，每个层次都相互制约并依赖于其他层次，由此形成一个相互关联的整体。思政教育教学具备两个重要特点：一是整体性，也就是在引导学生的学习过程中，能够连贯一气，形成整体；二是层次性，也就是能够按照分层结构有序地进行教育教学过程，形成有机的统一整体。这些特点共同构成了思政教育教学的体系。综合来看，思政教育教学具备指导性明确的全局性和渐进式教学的特点。

（三）绝对的科学性与相对的利益性统一

思想政治教育教学以教学实践活动为手段，旨在使学生具备社会所需的思想与道德素养，并全面培养学生的综合能力。马克思认为，在无产阶级社会中，必须尽可能发掘社会成员的潜力。而思想政治教育则以这种观念为指导，通过教学来最大限度地提高学生的意识水平。理论是社会发展和实践活动的必要指南，它推动着发展的进程。实践活动如果缺乏理论指导，就很可能盲目、无意识，无法实现前进和发展。只有在科学的理论指导下，社会的改革与发展才能得以顺利实现。在思政教育教学实践中，我们以马克思主义理论为基础，向学生传授其价值观、立场和观点等，从而构建一个马克思主义理论指导下的教学模式，它能够指引思政教育教学的发展规律的探索。这种教学的科学性在于它具备客观真实性和规律性，即它涉及思想政治理论课教学实践领域所特有的研究范畴——思政理论课教学活动中的矛盾运动和本质规律。在任何历史时期和政治体制下，普遍性都是思政教育教学实践活动的核心矛盾的特殊运动，并且这种现象是其本质规律的一个基本特点。因此，思政教育教学的基本特点在于客观性和科学性的结合。在任何时期、任何体制下，意识形态教育都会客观地反映其内在本质和固有规律。它的科学性是绝对的，这种教学方法在特定的情况下，保持它的相对稳定性。据列宁所言，辩证唯物主义强调的是真理具有客观性和绝对性，因为它能准确揭示客观物质的本质和规律。因此，承认辩证唯物主义教学的客观性就是承认其拥有绝对性。

一方面，思政教育教学需要在实践基础上对原有教学内容进行修正，并在现有内容的基础上进行更新，因为所有事物的产生都与现实因素紧密相关。思政教学的基本理论体系也不例外，它的构建会受到当时的实践影响。该体系的结构体系是对当前教学实践的总结、归纳和抽象，但其建构受许多条件限制，因此无法对未来的教学实践进行完全准确的判断。因此，目前的范畴所反映的内容是相对的，而非绝对的。

另一方面，就像辩证唯物主义理论所强调的那样，实践中的事物总是处于一种矛盾的状态，并且不断地变化和发展。这种状态可以表现为相互对立、相互依存的关系，并且这种对立关系具有辩证转化的能力。在某个时刻两者对立，在另一个时刻又统一起来，这也是事物的一种过渡性和相对性特征。思政教育教学的相对性反映了其教学实践中基本矛盾的运动和转化。因此，思想政治理论课教学之间具备相对性，可以以辩证方式进行转化。

这说明思政教育教学中的绝对性和相对性是相互关联的。高校思政教育教学的绝对科学性并非孤立存在，而是通过相对利益性的体现来实现的。根据列宁的观点，若我们仅仅相信高校思政教育教学的绝对性而否认其相对性，那么我们的思想将会变得僵化。

（四）实践性与认识性统一

人们通过实践和认知不断地反复探索，运用主观的理论思维，从教学实践中得到原材料，形成最初的认识。基于这个认识，他们反复推敲，分析研究，总结教学实践的内在、本质特征和现象，并对这些现象的普遍联系进行进一步分析和研究。最终，人们得到了各种现象的内在联系和共同本质，这也促成了思政教育教学的实践性特征的形成。实践性可从两个维度来理解：第一，它来源于思政理论课的教学实践，同时也服务于该课的教学实践；第二，这一特征还在培养大学生正确的马克思主义价值观、方法论和观点方面具有重要的指导作用，对于实现教学目标和提升教学效果具有关键性的影响。

高校思政教育教学本质上是通过持续不断的实践和不断提高认识水平，让思政教师与学生相互交流，以认识引导实践并获取新的认识。教师和学生在这个特殊的教学实践中相互作用，形成一个有机的整体。这个教学体系是反映教学基本概念的范畴,在实践和认识上具有统一性。总之,教学的本质特征在于实践,它来源于实践,同时也为实践提供指导作用。通过对思政理论课的教学实践活动进行分析研究,我们能够建立起思政教育的教学体系。这个教学体系同时体现了实践和认识的统一性。

思政教育教学的生成是教学实践与理性认识相结合的结果。通过采用多种形式、内容充实、深入层次的教学实践,人们能够更加深入地揭示思政教育中的各种现象之间的内部本质联系,进而形成更为科学、深刻、精确的教育体系。

第二节 高校思政教育的原则

一、以人为本原则

(一)以人为本原则的内涵

"人本"这个概念在中华优秀传统文化中由来已久。人本原则的思想最初雏形来自春秋时期的管仲,"夫霸王之所始也,以人为本,本治则国固,本乱则国危"。[1]《管子》中的这句话充分证明了以人为本的思想在我国古代就已经得到了社会的普遍认同。而在马克思主义理论中,关于人本原则的思想也是最重要的内容之一。

高校思政教育秉承"以人为本"的理念,注重发掘学生独特的个性和潜能,以肯定个体在社会中的价值和作用。这里所说的个体自由发展不仅仅是指学生的自由发展,同时也涵盖了作为主体之一的思政教师的自由发展,他们需要承担起重要的责任。思政教育遵循以人为本的原则,这意味着我们将教育者和学生都视为主体,并在教学实践中运用马克思主义基本观点,使教育资源、综合管理和思想指导三者有机结合。这样,我们能够帮助高校年轻学子塑造正确的价值观、世界观、人生观,打下未来个人发展和国家前进的良好基础。

---

[1] 刘乐泉.管子·韩非子·孙子兵法·三十六计上下[M].北京:京华出版社,2002:82.

（二）人本理念的意义

1. 有助于落实高校思政教育价值观

新时期，高校思政教育实践的原则之一就是以人为本，同样，在思维导向上也要坚守这一原则。只要我们坚守以人为本的教育理念，就能够推动高校思政教育发展和创新，并带动整个社会教育体系的提升。此外，它还会对高校思政教育的内容选择、教学方法和手段的运用产生重大影响。因此，在这种社会环境下，思政教育将不可避免地成为一个重要的工作理念。思政教师应该作为引导者，自觉地将人本原则作为德育工作的核心要素，并将爱护、理解、包容等精神贯彻到具体的工作中。我们应该强调当代大学生的主体地位，并确保他们在学习中得到充分的尊重。

2. 有助于实现高校思政教育目标

新时期，高校思政教育的主要目标就是加强人作为独立个体在社会中完整自由的发展。人们利用自己的主观能动性改变自然，以满足生存所需，并且这种改变自然的能力只能在特定的社会环境中实现。这种改变自然的能力是通过改变具体的物质生产方式来实现的。随着生产方式和生产水平的提高，人类的社会实践能力不断增强，提高了人类作为社会成员的能力，使他们更有可能摆脱社会和环境的限制，获得更多的自由和发展机会。因此，在未来的共产主义社会中，上层建筑思想教育将发挥重要作用，引导人们实现自由而全面的发展。

3. 有助于走进学生群体

总的来说，我国的年轻学生在政治素养和思想教育方面表现出色。他们在日常生活和学习中积极思考，坚定支持中国共产党的领导，对祖国深怀热爱，并在社会和学校的双重影响下，成为具有强大信心的社会中坚力量，坚信中国道路、理论、制度、文化等方面的实力，并有信心实现社会主义现代化伟大蓝图和中华民族伟大复兴的壮阔目标。在西方资本主义的影响下，一些中国大学生的思想也受到了挑战和影响，他们逐渐受到了拜金主义和民族虚无主义等思潮的影响，开始质疑和否定过去的历史、民族英雄甚至中国共产党。如果高校不能充分意识到贴近青年学生、深刻了解他们的思想历程对于思政教育理论传播的重要性，那么这些高校就只能被视为进行"灌输式"教育的场所。在新时期，作为高校思政教师，要加强与学生的联系，要深入学生群体，了解学生的想法和当前遇到的困难，并予以学生恰当的帮助和指导。在此基础上，要进一步与学生沟通交流，采用全新的教学方式，深入了解青年思想与心理需求。只有置身于学生之中，才能更好地与他们相互理解和支持，促进教育的双向交流。

（三）人本理念在高校思政教育中的应用

1. 实现师生双主体地位的业内共识

在思政教育工作中，最重要的是给予教师应有的主体地位。思政教育中，思政教师是至关重要的角色。尽管大学生已经进入成年阶段，充满朝气、年轻有为，但同时也很容易受外界影响，世界观、人生观、价值观需要进一步开拓和完善。缺乏思政教师的正确和合理引导，大学生很容易在意识形态上产生偏差，对个人、学校和社会造成严重的负面影响。高等教育中的思想政治教育首先需要思政教师具备引导作用，深入了解学生的成长环境和人生经历，尊重学生的独立性和个性，以学生能够理解的方式循序渐进地传授理论知识。其次，教师应当充分重视学生的主体地位，使学生积极发挥主体作用。思政教育工作者需要让学生认识到自己在学习和生活中的重要性，培养他们强烈的自主精神，并在日常的交流中慢慢建立起他们的自我学习意识，真正做到自我管理、行为有章。只有当教育界内外都普遍承认教育者与被教育者的主体地位时，思想教育理论才能不断创新和发展，从而加强思政教育在实际生活中的实践作用，使受教育者成为我国社会主义现代化建设的核心力量。

2. 加强科学技术和方法的运用

当前，我们正处于大数据和人工智能的时代，新的科学技术不断涌现。随着时代的变迁，思政教育作为教育体系中的重要组成部分，需要紧跟科技发展的脚步，不断创新教学方法，推动教育的持续发展。先进的教育应更加重视能力的培养，并将这些能力与个人已掌握的知识体系相结合，以更好地发挥其效用。教育者需要跟上科技发展的步伐，随着历史发展进程不断创新，才能提高思政教育的实效性。教育者需要了解中国与其他西方发达国家的不同，客观地认识当代中国的教育环境，以便提高自身教育质量和水平，并与国际标准接轨。一个学校所采用的创新教育方法反映着该学校对思政教育的重要性。通过开展各种课外实践活动，如田野调查和红色之旅等，可以让那些缺乏实际经验的学生们更直观地了解当代和近代中国所经历的历史事件，从而实现历史与现代的跨时空连接。目前互联网平台上涌现了许多创新性的教育教学方式,例如在线慕课等,这些新方法不仅改变了思政教育的传播方式,还能够更加合理地评估受教育者的学习成果。鉴于此,高校应积极地利用网络平台,多方引导大学生,教导他们文明、合理地使用网络,并全面提升网络化时代高校学子的整体素养。

3. 完善高校德育环境的建设

无论对于思政教师还是对于学生而言,校园文化环境都具有极为重要的影响作用。习近平总书记曾多次强调立德树人教育大环境和基本理念在高校思政教育中的重要性。高校是社会主义建设人才输送的主阵地,因此积极推进立德树人教育环境的基础建设符合以人为本的原则,有助于发展创新思政教育。首先,必须始终把师德师风建设摆在最重要的位置。思政教师不仅仅是专业知识的传授者,同时也是道德价值观的弘扬者。建立良好的师风师德,是高校树立立德树人教育环境的基础。这意味着高校思政教师在拥有高学历的同时,还要注重培养高尚品德,对学生产生积极且长久的影响,从而带动整个高校环境的改善。其次,我们需要将马克思主义的指导作用置于核心位置,以科学和革命统一的马克思主义思想为主体,并根据受众需求展开多姿多彩的校园文化活动。最后,还要在校园网络平台上不断弘扬"培养有道德修养的人"的理念。我们应该将高校"以人为本"的原则以一种合理的方式融入学生群体的内心,让他们产生认同感并感到自豪,我们能够激发他们的自觉性,积极参与并维护校园文化环境的建设。

4. 引导学生进行自身人格塑造

人本原则的核心在于通过教育,使每个受教育者成为一个独立个体,实现其完整的人格塑造与发展。高校教育的重要作用在于将文化素养输送到社会各行各业,培养具备高素质和高文化水平的人才。随着社会竞争的日益激烈,高校面临一个重要的问题:如何营造一个良好的环境,促进学生完整人格的健康成长,因此,体现人本原则的思想政治教育显得尤为关键。现代社会对年轻人的要求已不再局限于提高文化素养和科学素养,还要求他们展现独立的个性,表达积极的政治态度,彰显自己完整的人格。高校思政教育致力于以人为本,培养青年学子的自信、独立、自强素养,引导他们成为有益于整个社会的出色建设者,在面对急速变革的社会环境时作出积极应对,确保自己不被社会所淘汰。唯有如此,方可达成个人的人生意义与目标。在高校教育中,思政教育是非常重要的一部分。我们必须始终坚持以人为中心的思想理念，摒弃"一个主体"的观念，突出教师在教学引导方面的主体作用，重视学生在校园文化建设和思想道德建设中的主动作用。同时，我们需要注重培养思政教师的主动创新意识，在教学过程中激发学生的主动学习精神。只有在科学马克思主义理论的指导下，才能真正为中华民族的伟大复兴作出贡献。

二、务实求真原则

（一）务实求真的含义

1. 思政教育要符合社会发展客观实际

群众个体所拥有的社会关系以及社会意识等因素，不仅会对群众的思想产生影响，而且还会对其行为起到制约的作用。思政教育工作者对于群众个体与群体的思想转化都要加以重视，并且要发挥社会风气以及舆论作用。因此，思政教育出发点与立足点一定要基于社会发展的实际以及群众的思想问题现状，不仅要将群众看成一个整体，在相同的起点上进行教育，还要对千差万别的群众思想问题深入细致地进行研究，有针对性地加以解决。这样一来，就能够让理论与实践紧密地联系起来，对群众思想发展变化的规律有准确的了解与掌握，让思政教育的针对性、系统性以及创造性不断得到增强。

2. 思政教育需结合利益引导

群众的思想和行动受到其自身利益的牵动，利益是驱动群众进行生产和其他活动的动力，也是引起群众思想问题的根源。马克思主义的基本原则是让人们深刻认识与自身利益有关的问题，并团结起来为之奋斗，因此在进行思想政治教育时，应该以群众利益为核心。所有人之间的关系都是以利益为导向的；社会矛盾的产生，是因为各方利益存在差异甚至对立。为了让人们团结一致、协调矛盾、形成强大合力，国家必须始终坚持正确的利益导向。当我们的利益导向正确时，各种不同的社会阶层和群体便会在根本上达成协调一致，这样能够使他们共同行动，增强社会合作力。

3. 思政教育工作者要坚守务实求真的作风

求真务实是党的优良作风的集中体现，作为高校思政教师，在教育管理工作中也要坚守这一原则。思政教育工作者必须以求真务实为基本作风，把坚持实事求是、言行一致作为自己思想和行为的重要标准。为了实现务实求真，就必须以实际行动为准则，不过分倚重理论知识和书本知识，坦诚直言、做实事，避免过度强调形式。我们应该对工作充满热情，把它看作自己的事业，并不断地学习和提升自己的能力；不仅要注重理论知识的研究和掌握，也要注重实践技能的练习和提高。同时，我们还要勇于探索和创新，在不断进步中为学生树立一个优秀的榜样。

（二）务实求真原则的意义

首先，从思政教育的现状看。随着时代的发展，一些传统的思政教育方法已不能适应群众现在的思想；传统的思想道德规范与群众的思想实际不相适应。同时，思政教育注重知识灌输，在整体素质教育方面比较薄弱，导致思政教育不能与现实需要相适应。要想让这些问题得到解决，最有效的方法就是在思政教育中坚持求实原则，从而满足当前形势下思政教育方法发展的需要。

其次，从思政教育的作用看。在现代社会，思政教育最大的价值在于创造价值。通过将精神转变成实际产出，即产品或服务，帮助群众理解和掌握先进的思想和党的路线、方针、政策，并且发挥出实质性的、改造世界的物质力量。

（三）求实原则在高校思政课程中的应用

1. 以务实求真作为高校思政课核心理念

思政教育开展的最主要渠道就是思政理论课，高校思政教育的形式应该是生动活泼的，而不应该是死板的，应该始终坚持实事求是，从学生的认知特点和接受能力出发，使思政教育的内容具有时代性、具体性，所以，在不同的时期，思政教育的内容也是不同的。在新时期，高校思政教学不能仅仅依赖教师单纯地向学生传授理论知识，更要开放理念和方法，充分结合现代化的多媒体教育教学方式，实现教师与学生的互动，提高学生对理论课知识的接受度，提升高校思政教育的实效性。

2. 高校学术研究坚守务实求真信念

高校应坚持实事求是的学术态度，在学术研究上严格遵循求真务实的原则，以创造健康、积极的学术环境。高校应以实践为指导，确保学术态度端正。现今，缺乏学术道德的行为依旧时有发生，如雇用他人代写等。因此，在高校思政教育工作中必须坚持实事求是的原则，加强对大学生和教师的学术道德教育，强调学术规范、学术诚信、科学精神、学术法制等品质，确保学术健康发展。

3. 以求实原则完善高校德育建设

首先，高校要以实事求是为原则，健全完善思政教育的领导体制与工作制度，把求是原则贯彻到思政教育教学以及日常的工作中，反对形式主义作风，以及任何形式的弄虚作假，促进思政教育机制进一步完善，真正发挥思政教育的作用。

其次，高校思政教育工作应该依靠全体教职工，而不能仅仅依靠思政理论课教师或专业课教师。在提高高校教职工的育人意识方面，一方面，我们应该始终坚持实事求是的原则，并且充分考虑高校教职工的共性和特殊性；另一方面，应采用现代科技手段和适宜的传媒载体，以提高高校教师的教育敏感度和育人意识。另外，高校应该实事求是地研究全体教职工的思想情况，以此为基础有针对性地提高他们的育人意识。

最后，在求实原则的指导下进行高校校园文化建设。一方面，高校要以求是原则提升校园物质文化水平，提升校园形象与风貌，营造和谐的校园文化氛围，使学生在潜移默化中接受文化教育；另一方面，高校要以求是原则提升校园精神文化水平，要结合学生现状和需求适当设计校园实践活动，促进学生综合素质的发展。

三、延伸原则

高校思政教育应该紧跟时代潮流，确定明确的方向，并拓展教育视野。高校不应该仅在校内教育系统对大学生进行评价和教育，而是应该引导全体教师参与教学活动，培养出德才兼备、适应国际社会发展的高素质人才。通过思政教育，为学生成为德才兼备的人才打下坚实的道德基础，同时始终保持开放包容的态度，向全球优质文化和知识敞开大门。

思政教师应利用互联网作为工具，帮助学生拓宽视野和思维方式，让他们超越当下复杂的形势，远离被复杂局势迷惑的风险。在当今时代，高校应该拓展思政教育的范围，使得学生所付出的努力和学习成果与国家的发展息息相关。这种方式不仅可以全面提高思政教育的实际性，还可以引导高校大学生树立广阔的视野和国际化的观念，从而极大地改变他们功利性的学习动机。

四、全方位原则

高校应该建立涵盖全体师生、全过程、多方位的思想政治教育体系。思政教育工作者需要有效地整合、分配学校和社会资源，以确保学生在校内和校外都能受到适当的思想启示，具备提升能力的机会。

我们需要重新认识当前社会对于教育要求和人才需求标准的变化，以此为基础来进一步提升思政教育的实际性。在面对西方对我国现代化发展进程的阻碍时，高校必须继续加强大学生的文化认同、制度认同、道路认同。思政教师应该设计一个开放式的思政教育模式，不仅帮助学生学习课本中的尖端思想理论，还要让他们深刻理解全球事态、我国的发展现状和未来目标。在教学过程中，思政教师需要关注每个学生的政治立场和态度，并帮助他们全方位地提高思政水平。全方位育人旨在展示育人思想、育人方法、育人理论、育人资源以及育人模式的整体性和全面性。思想政治教育的导师应该具备广泛的知识和教学技巧，以丰富的教学素材和多样的教学方法来启发学生，使其能够树立正确的思想观念，提高思政意识，并培养符合当下社会需求的创新创业能力。此外，思政教师应主动吸收新的营养和思考方式，明确如何具体开展思政教育，并积极探究如何培养现代化人才。高校应该考虑到未来的发展方向，以此为基础来制订思政教育规划。从学生的长远发展出发，创新并优化教学方式，致力于在高校教育中实现学生立德树人的核心目标，从而培养出具有坚定的政治立场和革命信仰的新型人才，使其在毕业后为国家的发展做出贡献。

五、灌输原则

（一）灌输的内涵和意义

这里所说的"灌输"，并不是"填鸭式"教学或"满堂灌"教学，而是指通过对教学内容和教学方法的优化，以一种潜移默化的方式，把课程相关的知识、理念传授给学生，帮助学生形成科学的世界观和方法论。

（二）灌输原则在高校思政教育中的应用

1. 保证灌输内容有较强的针对性

高校的思政教育教学工作需要注重内容针对性，以培养高素质、自主性和具有批判思维的人才为目标。目前，我们必须将重点放在帮助大学生认识现实问题，并提供解决方案上。同时，我们需要辩证、客观、科学地探讨社会普遍关注的热点问题，以培养大学生深入分析的能力和思维能力。在提高大学生知识水平的同时，还需要加强生活实践能力的培养，增强灌输原则的感染力和说服力。

2.灌输内容适当穿插反面材料

随着全球经济趋向一体化，中国社会正在发生转型，面临复杂的局面，许多大学生在成长过程中会面临各种疑惑。如果仅仅进行正面教育灌输，那就显得过于枯燥乏味，缺少吸引力。因此，在进行教育时，应该适当地引入负面素材，不能简单地回避社会转型带来的巨大挑战。通过这种教学方法，能够更有效地说服学生，帮助他们接受并理解所学内容，从而提升他们的综合素质。

3.灌输的手段要具有新意

在实施灌输原则时，必须秉持以启发和引导为主的教育模式，而不应采用强制性的死板灌输方式。随着时代的变迁，当代大学生自主思考的能力不断提高，且通过社会经验的积累，在创新意识和法律意识方面也越来越有见地。因此，在这一背景下，高校思政教师需要从教学策略的角度出发，创新灌输的方式和方法，以避免采用单一的灌输教育模式。首先，要实现理论和实践的一致，扩大覆盖面，注重综合运用显性和隐性教育方法，如形象、环境、行为、校园文化、舆论、网络媒体和时间等。其次，将灌输原则贯穿于管理、文体活动、校园文化和网络媒体，通过潜移默化的方式影响大学生的思想和意识。

4.实现灌输与自我发展的结合

事实上，自我教育与灌输原则存在着相辅相成的关系，因为二者有着共同的目标。教师把知识或观念传授给学生后，学生必须通过自我教育才能真正理解和应用这些内容；同时，自我教育也必须以传授原则为基础，否则就缺乏正确的指导。通过灌输原则，学生能够在自我教育的过程中得到系统的、有目的的引导，避免随意和零碎的学习方式，更好地克服认识和理解上的误区。如果不承认灌输原则对教育的重要性，就相当于否认教育的存在价值。

5.灌输过程中要培养学生主观能动性

尽管大学生是灌输的客体，但他们同样需要培养自主思考和独立意识，并具备相应的主动性。大学生具有独立的个性、注重个人体验和崇尚自我实现，以他们为主体并充分发挥他们的主观能动性,可以更好地激发他们学习的热情和创新能力,从而实现自我教育,并使其更愿意接受灌输。只有让客体不断展现能动性,才能提高灌输的价值。相反,如果思政教师只以自我为中心,而不重视大学生的主体性,阻碍他们自由的思考与行动,那么灌输原则的效果将无法体现,大学生的潜能也可能受到抑制。

六、心理相容原则

(一)心理相容原则的含义

心理相容是一种和谐的心理互动状态,指群体中的成员因为彼此的理念、信念、观点相同而形成一种默契和融洽的交流情况。由于每个人所处的社会环境、经历以及认知水平的差异,个体之间在能力、思维、兴趣爱好、性格和气质等方面存在着不同的特点,每个人都是独立的个体。在现实生活中,个体之间存在着相互依存的关系。只有认识彼此的差异,实现相互理解、包容、信任和支持,才能促进良好的人际关系和社会的和谐发展。心理相容是实现个体之间互相理解、信任和和谐相处的基础和保障。只有当一个人身处信任、理解、包容和情感交流的心理环境中,才能够激发积极性和动力,拥有更强的活力、创造力和创新能力,使心态更加乐观和健康,更好地面对生活、学习和工作,并实现自己的价值。只有个体之间心理相容,才能形成积极的心理氛围,将个人实力汇聚起来,集中精力实现集体的共同目标。

在思想政治教育中,心理相容指的是教师和学生之间建立良好的心理互动,互相认可对方的能力,尊重彼此的思想观念和个性特点,实现心理上的和谐与共鸣。要想使高校思政教育取得理想的结果,首先要保证师生之间心理相容,也就是师生之间相互信任和理解。如果不能满足这一条件,则高校思政教育就无法顺利展开。

(二)落实心理相容原则的意义

1. 有助于优化心理氛围

在思政教育中,心理相容原则发挥着重要的作用,它能增进教师和学生之间的理解、信任和依赖,使得双方的关系更加和谐、沟通更加顺畅,同时也能营造良好的心理氛围。只有大学生与教育者之间的关系融洽无误，没有任何歧视、猜疑或矛盾，才能够自在地交流，并表达自己的所思所想。这样能够帮助教师更好地了解大学生的思想状态，从而促进高校思政教育工作的落实。

2. 有利于师生发挥主观能动性

心理相容能使大学生保持积极乐观的心理态度，从而激发他们的主观能动性，并在生活、学习和未来的工作中充分展现出来。同时，心理相容还可以激发学生的学习热情，使他们自觉接受正确的引导，从而提高学习效率和学习质量。这种积极的心态可以带来心理满足感和成就感，并形成一种良性循环。从教师角度来看，当教育者看到他们引导下的大学生能够以积极乐观的心态应对生活、学习和工作时，也会感到有成就感，从而激发积极性，不断投入教育工作中，以积极乐观的心态继续引导大学生。

3. 在一定程度上消除学生逆反心理

大学生的世界观、人生观、价值观正在形成和发展中，对于一些复杂的问题，他们的认识还不够深入透彻，往往只了解问题的表面而没有深入了解其实质。另外，大学生通常具有鲜明的个性，但自我管理能力较弱。他们常常以自我为中心，一旦觉得家长、思政教师、朋友对其行为持有质疑或不理解，就会产生消极抵触的心理，表现出逆反情绪。因此，教师在进行思想政治教育时，应遵循心理相容原则。教师应积极关心、信任、尊重和照顾大学生，真诚地给予人文关怀和情感温暖，以唤起他们内心深处的共鸣。这样，大学生才能建立信任关系，愿意接受正确引导，并且聆听不同的观点，避免产生逆反心理。

（三）心理相容原则在高校思政教育中的应用

1. 师生之间互相接受并认可对方价值观

在心理学中，相似性原理表明，人们更有可能与那些有着相似或接近的观点的人建立联系并愉快相处。因此，如果思政教师和学生在信仰或者价值观等方面有相似的地方，他们在心理上就能互相理解，更容易接受彼此，有利于思政教育的顺利进行。在此情况下，思政教师应通过积极地推行多种活动来接近学生，促使他们在实际操作中内化并落实符合社会需要的思想理念。通过这种方式形成的思想观念，比简单的空口教育更加有效。

2.思政教师需培养自身的人格魅力

随着社会的进步,知识也在不断更新,[①]以往被认为具有教育权威的教师也受到了一定的挑战,因此,如果一名思政教师的知识储备不足,则可能会失去对教育的话语权,进而失去学生的信任。除此之外,思政教师还应该不断提升个人的才能和素养,培养出色的人格魅力,展现良好的个人品德。教育工作者是教育实践的指导者,他们的行为模范能够发挥磁铁一般的力量,引导受教育者。因此,教育工作者必须时刻重视自我教育的作用,使自身的品德和能力满足受教育者的期望。否则,教育成果将极大地减弱。

3.思政教师要全面提升自身修养

作为教育者,需要拥有良好的道德品质和优雅的仪表举止。只要教育者以真心、热情、理解和温度对待学生,同时外表端庄大方举止得体,学生就会自然地与教育者建立良好的交往和沟通关系。在这种情况下,教育者需要通过对话与学生建立心灵共鸣,满足其内心的需求,从而达到更好的教育效果。此外,教育工作者应当通过多种途径听取学生的反馈意见,据此改进自身工作的不足之处,逐步提升自己的能力,使教育方式和内容与时俱进,从而使得教育工作者与大学生的思想观念更加适应。

4.高校思政教师和学生之间要建立平等关系

开展思政教育工作时,教育者应该以平等、亲近的态度来面对大学生,不要摆出高高在上的思政教师形象,而是要像朋友、亲人一样与大学生相处。只有在平等和谐的关系中,大学生才能够感到轻松愉悦,舍弃心理压力,愿意与思政教师坦率沟通。在日常生活中,教育工作者应像亲人或长辈一样,积极关注大学生的成长,营造温馨、充满爱意的家庭氛围,从而建立心理上的信任关系。在学习生活中,老师的角色不仅仅是思想政治教育者,还应该是学生的朋友。老师需要积极帮助大学生,成为一个真诚的倾听者,并在适当的时候给予他们正确的指导,帮助学生建立心理依赖感,缓解他们的反抗情绪和抵触心理。

5.在第二课堂中发挥学生的主观能动性

思政教育中的实践活动是它的第二课堂。因此,教育者必须有卓越的才能,

[①] 徐福康.国家立场·学生立场·学科立场——学习贯彻习近平总书记在学校思政理论课教师座谈会上的讲话精神[J].教学月刊·中学版(政治教学),2019(Z2):42-44.

广泛开展实践活动，让学生积极参与其中，更深刻地理解理论知识，将其应用于实际问题，同时实现自我价值；同时，实践活动也可以激发学生对于探索真理的追求和表现个性的渴望，使他们更加积极地学习，促进自身综合能力的全面健康发展。教育者能够与大学生密切合作，一同规划、讨论实践活动，以确保其可行性、安全性和实用性。这种合作关系能够形成教学方面的轻松愉悦氛围，让教育者和学生们能够共同思考、行动、努力、欢乐。教育者应该打破学生的戒备心态，积极地与大学生进行双向交流和互动，通过潜移默化的方式传递正能量，并且以自己为榜样，成为学生在成长过程中的领路人。

第三节　高校思政教育的发展

一、我国高校思政教育的发展

自改革开放以来，高校的思想政治教育在教学、专业和人才培养方面都发生了翻天覆地的变化，制度建设和学术研究方面取得了重大的进展，实现了科学化发展的新突破。但与此同时，随着社会的不断进步，高校思政教育也面临一些令人困扰的问题。随着国际环境的变化和国内改革进程的推进，高校思政教育也会遭遇相应的负面影响和挑战。

（一）我国思政教育的渊源

我国自古以来便是礼仪之邦，对于思政教育的重视一直是有目共睹的。同时，我国与西方各国在思想品德教育方面也有一定的相似之处，比如都注重培养学生的礼貌举止、诚实、正义感、社会责任感。思政教育的教学目标不仅在于学生人格全面发展，更是在于我国时代发展的需要。在中国共产党的领导下，各高校十分重视对学生思政素养的培育。

1. 原始社会的德育内容

自古以来，人类之所以能与动物有所区分，在于人类能够使用工具进行劳动。在人际交往中，人们的意识、情感和智慧会随着集体生活的体验而逐渐觉醒，使得道德品质的概念逐渐形成，包括天生的集体意识和共同依存的精神。

2. 古代社会的思想教育

我国古代的德育内容可以概括为以下两点。

（1）品德教育往往与政治挂钩

思想教育、道德教育、政治教育与君权统治存在紧密的联系，比如，"忠君报国"观念便是这一特点的体现。所以说古代思政教育主要为政治统治服务。

（2）道德教育内容已渐趋繁荣

先秦"百家争鸣"这一文化现象展现了非常丰富的道德教育内容。其中很多思想对现今发展也有重要的参考意义，比如法家的"法制"教育、道家"寻道"思想，等等。这些思想都为我国的思政教育留下了非常灿烂的色彩。

3. 近现代社会的思政教育

近代以来我国思政教学开始呈现学科化特点。清朝末期，在中国传统道德观念的基础上，资产阶级自由、平等、民主思想不断渗透。在推翻帝制建立民国之后，我国倡导公民教育，"公民"课由此出现。如当年北京师范大学附中各学年均设有"公民"课。真正意义上的思政课是中华人民共和国成立之后产生的，其间经历了复杂的创立发展与改革创新过程。现今思政教学是我国学校德育的主要途径，是我国精神文明建设的基础和主要形式。我国思政教学的主要目标是培养学生高尚的道德品质，促进学生良好行为习惯的养成，培养全面发展的人才，服务于我国精神文明建设的思想建设工作。

（二）我国高校思政教育取得的成绩

1. 建立了学科建制

"建制"这一概念在社会学领域中具有重要意义，它最初指社会组织内部的结构性编制、体系及其形成过程。当一门学科发展成熟时，会形成相应的知识、制度、组织和物质支持体系，这些体系是观念和社会结构的结合体，也就是学科建制。学科建制包括学理建制和社会建制两个方面，它们相互依存、相辅相成，共同推动思政教育的专业发展。

（1）学科知识体系得到完善

在建设思想政治教育的长期过程中，我们逐步建立了一套逻辑体系，其中主要包括以下几方面内容：首先，我们明确了基本原理与马克思主义理论的关系；其次，我们论述了教育内容与临近学科知识之间的相互关系；最后，我们探讨了专业知识与其社会应用之间的联系。这些内容都是思想政治教育理论体系中必不可少的部分，相互支持，一起构成了知识体系的逻辑框架。

高校思政教育的基础在于知识体系。目前，我国高校的思政教育知识结构比较清晰，主干学科和分支学科相互促进、相互支持，思政教育的知识框架也越来越完善。尽管在学科建设的过程中遇到过一些挑战，但高校思政教育学科的专门化方向确实有了显著的进展，这一点毋庸置疑。

（2）学科社会建制得到发展

社会建制外在表现为一种结构化的社会组织和分工机制，是一种稳定的社会模式和安排，包括学科的物质载体、组织形式和行为规范等方面。目前，高等院校的思想政治教育实体机构主要分为理论研究体系和实际工作体系。全国各高校的思政教育教研室组成了主要的理论研究系统，并肩负着重要的学术研究任务。思想政治教育可分为三大领域，分别是党政机关领域、军队领域和高校领域。高等教育系统承担着非常重要的学术研究和人才培养任务，其核心职责是促进学生思维方式的转变。在当今时代，高校的思想政治教育机构进行了很多变革和调整。比如说，中国高等学校思想政治教育研究会在20世纪80年代时期就已经被并入了中国高等教育学会，并成为其下属的一个专业委员会。

中共中央国务院的第16号文件《关于进一步加强和改进大学生思政教育的意见》，在制度建设（即行为规范）方面起着重要的作用。这份文件体现了党和国家对于推动高校思政教育发展的战略安排，是高校思政教育科学化进程的里程碑。它为新的科学化进程带来了质的飞跃，为高校思政教育的发展打下了坚实的基础。一直以来，从16号文件开始的诸多规则被坚决落实执行，各部门责任明确，高校思政教育体系初步建立。

2. 思政教育研究方法取得进步

在漫长的历史长河中，人类已经积累了大量的思想宝藏和宝贵经验，为社会思潮的发展提供了范例，并促进了社会的和谐秩序。中国共产党自成立以来，一直带领人民探索社会发展，积累了许多历史素材和实践经验。

自中共中央国务院发布第16号文件《关于进一步加强和改进大学生思政教育的意见》以来，高校思政教育的研究工作进入了新的整理和梳理材料的阶段。就研究的目标而言，我们可以将研究工作分为两个不同的方向，一个是以学术为导向的研究，另一个则是以实践行动为导向的研究。学术研究方法决定了如何整理已有的材料并深入理解其内涵，只有通过科学的方法体系化地开展研究，才能使思政教育成为一个系统化的知识体系。在现代辩证唯物主义方法论的指导下，我国高校思政教育已经发展出了自己独有的话语体系，明确了基本概念范畴，建立了相对完整的理论框架。

3. 教育方法得到改进

（1）切实贯彻因材施教的理念

合理的教育方法应当以学生身心发展规律为基础，思政教育的发展要摒弃旧有的教学手段，使教学与时代背景相结合，深入剖析新时代学生性格特征的根源，巧妙地运用这些条件来辅助授课，达到预期的教育效果。

目前，高校思政教育队伍越来越年轻化，导致教育者与学生之间的年龄差距在缩小。这意味着，大多数教育者都能够充分了解学生的性格因素，并恰当地平衡统一教学与因材施教的关系。现今的教育主体面对的是"00后"这一特别的学生群体，他们与以前的任何一代相比，其性格特征都大有不同，无法接受传统的灌输式教学方法，追求更具新鲜感和创意性的教学模式。这种需求推动了高校思政课程的创新发展，并促进了正面教育方式的进步。

（2）初步实现信息化教学

随着时代的不断进步和发展，新媒体出现了，极大加速了信息的传播，让人们之间的交流互动变得更为紧密。随着信息技术的不断发展，现在的学生可以通过各种社交媒体和新闻应用程序获取知识。每一条时政新闻都可以成为学生理解知识的示范案例，因此他们潜移默化地获取了更多的教育信息。

现在，高校思政教育已经可以通过微博、微信等客户端在思政课堂之外对学生进行信息引导。大多数高校和学院都创建了官方微博、微信公众号等公共平台，向学生传递时政信息，解决实际问题，关心学生的学习和日常生活。这种做法表明教育者已经开始重视隐性教育。

4. 教育人员素质得到提升

教育者的选拔和培养对国家格外重要，专职人员是高校思政教育任务的核心团队，也是对学生学习生活和价值观念进行正向引导的主要力量。优秀的高年级党员或研究生被挑选出来担任兼职人员，其中一部分是学生辅导员。由于他们与学生之间的距离较近，因此可以更自然地帮助学生树立正确的学习态度。这种同时兼顾专业和兼职工作的方式，不仅增加了教育从业人员的数量，而且能够在实际工作中发挥更大的作用，构建高效、结构合理的教育团队。

（三）我国高校思政教育的发展现状

随着科技和经济的进步，我们已进入网络时代。随着互联网飞速的发展，人们可以获得更加丰富的信息，然而这些信息的来源普遍很难经过有效的审查和过滤。一些有害的信息会潜移默化地影响人们的思想和行为，导致他们无意识地被卷入享乐主义的浪潮，甚至有些人已经成为了享乐主义的精神奴隶，他们完全指望通过赚钱和花钱来满足自己的愿望，在这一过程中追求一种虚假的满足感。这种浅层的满足存在许多负面影响，比如焦虑、对生命意义的无知等。此外，全球化的进程可能会让人们的主权感觉逐渐模糊，因为国界不再那么明显，人们对自己国家和民族的认同和情感趋于薄弱，对民族和国家情感的思想政治教育产生不利影响。全球化带来了诸多难题，如核武器扩散、气候变化、贫富差距、国际情感疏离等。这些问题需要我们关注全球人类的利益，摒弃固化的价值观念和国界限制，推动思维方式的转变，从不同的角度思考这些问题的解决途径。

因为历史环境不同，不同的思政教育理论体系也会出现显著的差异。这些理论的特点因文化背景而异，每种都有其独特性，但它们都遵循着人类发展的规律。此外，全球网络信息技术的进步为我们提供了一个新的平台，为思政教育带来了新的力量和传播渠道。随着信息网络的广泛应用，高校思政教学展现出了蓬勃的发展前景，思政教育的影响力和实际性也有了进一步提升。

（四）我国高校思政教育发展面临的问题

当前高校思政教育所面临的问题，既包括总体发展方向上的宏观问题，也包括微观建设上的方方面面。只有全面地分析科学化进程中学科所面临的问题，并不断对已经不适应现实情况的制度和理论予以修正，对前沿理论加以规范和创新，高校思政教育学科才会始终具有科学性和实效性。

1. 学科建制水平和质量存在不足

（1）学理建制系统化水平较低

一方面，高校思政课程的内容已经基本形成，但是学理建制尚不完善，没有清晰的知识体系。高校思政教育规律可大致分为宏观规律（产生和发展规律）、中观规律（管理规律、工作规律和过程规律）、微观规律（教育规律和接受规律）三个层次，全面把握各方面的规律并加以合理运用，对于促进高校思政教育的良性发展具有不可替代的作用。但事实上，当前我国对高校思政教育知识体系的研究不够深入，缺少对教育规律的研究和应用，三个层次之间也少有联系。

另一方面，思政理论系统缺乏开放性。所谓系统的开放性，是指系统内部诸要素能与外界进行信息交流。高校思政教育是一个复合概念，无论是在学术研究还是实际应用中，都会不可避免地与教育学、社会学等其他领域发生联系，因此，与这些相关领域的理论前沿取得交流十分必要，但在目前，这方面问题还未取得实质性的进展。

（2）社会建制程度有待发展

一方面，高校思政教育机构设置缺乏整体性，主要表现为高校思政教育的理论研究系统和实际工作系统之间缺乏互动与交流。中国思政研究会是中宣部领导、组织和促进思政工作研究的全国性社团，其主要职能在于组织思政教育理论研究和应用，基于这一职能，各子系统应紧密团结在政研会周围，积极交流和互动。然而，高校思政教育发展的时间不长，两大系统之间没有形成完善的交流和互动机制，存在着各自为政的状况，阻碍了高校思政教育理论研究的深化，影响了实际工作的有效开展。因此，加强两大系统之间的联系，能够推进高校思政教育积极发展，同时增强高校思政高校思政课堂的实效，具有重大意义。

另一方面，高校思政教育制度建设需要进一步加强。首先，尽管已经确立了基本制度，但高校思政教育制度体系的完整性和内容的准确性仍然有待提升。其次，高校思政教育执行力度相对薄弱。在大学或者研究生时期，学生的学习任务十分繁重，他们面临的不仅仅是某个专业的知识，还要应付各种水平考试，也有学生面临着就业的压力，很多事情自然不能兼顾。有的学生在本就不甚充裕的思政理论课课堂上做自己的事情，再在考试前"突击背诵"考试重点。面对这种情况，思政教师也只好"放水"，放松对学生的要求，降低考试、考核的难度。

2. 教育主体科学认知不足

（1）高校思政教师队伍建设有待优化

一方面，高校思政教育队伍的结构仍有待进一步调整和优化。这里的结构既包括教育主体的年龄结构，也包括教育主体的专业结构。就年龄结构而言，当前高校思政教育主体的年龄呈现多层次的趋势，不同年龄段的教育者各有各的优势。青年教育者对待工作积极性较高，具备创新思维，与学生年龄差距小，相处融洽；中年教育者熟练强干，思维成熟，完成工作的效率较高；年龄较大的思政教师德高望重，具有深厚的学术底蕴，在学术研究和人才培养过程中更是不可或缺。但目前在高校中，各年龄段教育主体间分工不明确，教育者的年龄优势得不到最大的发挥。就专业结构而言，高校思政课程具有较强的综合性和应用性，所以思政教师在教学指导过程中，不仅要向学生传授理论知识，更要通过科学有效的手段，对学生的价值观、道德规范施加正向影响，做到德育和智育相统一。当前，智育与德育队伍建设有失平衡。此外，心理健康教育是德育工作的重要内容，对心理健康教育的队伍建设不容忽视。提高对德育队伍建设的关注度，其重要性不言而喻。

另一方面，教育主体的综合素质有待提高。当前高校思政教育者的准入要求已相当严格，若论及专业知识水平，绝大多数教育者都是领域内的翘楚，是高学历、高素质的人才。但思政理论课的课堂教学是另一门学问。所以，一般所说的教育主体的综合素质，不仅包括教师的专业知识和技能水平，还包括语言表达能力、组织管理能力、课程设计与开发能力，等等。当前，一部分教育者在从师技能方面理论有余，实践不足。因此，提升教育主体的综合素质，显得尤为重要和紧迫。

（2）高校学生队伍建设存在疑难问题

一方面，部分高校学生的价值观念不明确。"00后"是一个极具时代感的特殊群体，他们生于和平、发展的时代环境下，未曾接受过战争和贫穷的洗礼，同时又面临着全球化浪潮的冲击和无法避免的多元文化带来的影响。总体来说，"00后"高校学生的主流意识形态是积极向上的，并带有鲜明的个性色彩，但部分学生的价值观出现较为明显的功利化。此外，部分高校学生还存在诚信观念和合作意识缺失等问题，这些问题如果得不到及时解决，对我国未来新一代青年发展，甚至对社会发展都会造成十分严重的负面影响。

另一方面，部分高校学生的某些道德行为失之偏颇。道德行为受道德认知、道德情感和道德意志的调控，受教育主体的价值观念一旦出现问题，错误的道德行为很难避免，加之新媒体的开放性使信息传播的速度大大提升，高校学生的道德意志受到了前所未有的冲击。要解决此类疑难问题，就要对学生进行道德教育，树立学生积极正向的道德认知与道德情感，形成"正能量"，坚定学生的道德意志，改善学生的道德行为。

（3）主体之间缺乏互动和交流

一方面，教育主体与受教育主体共处的时间、空间有限。近年来，随着高校不断扩招，高校大学生和高校教师比例随之缩小。身为公共课思政教师，各高校马克思主义学院的思政理论课教育者要面对的是全校学生。思政教师无法兼顾每一位学生，教育者与学生的交集几乎仅限于思政理论课课堂。在有限的时间内，教师要顾及的学生越来越多，分配给每位学生的平均时间也就越来越少。

另一方面，主体之间呈单向授受状态。当前，绝大多数思政理论课课堂均采用讲授式教学法，这种方法虽然能将知识体系较为全面地展现给学生，体现知识的完整性和系统性，但却忽略了学生的主体地位，没有考虑学生对知识的接收程度，错误地将学生置于被动接受的一方。教师无视学生学习的能动性而一味地讲授，会使学生学习的积极性大打折扣，降低思政理论课的实效性。尽管在新媒体时代下，部分思政教师已经意识到此类疑难问题，并辅之以多媒体手段教学，试图增加思政理论课的趣味性，但仍旧没有摆脱高校思政课堂教学单向授课的状态。只有改进高校思政课堂教学方式，注重对学生学习积极性的启发和引导，才能从根本上解决这一问题。

3. 学术研究重理论轻实践

虽然学术研究与行动研究不能混为一谈，但二者绝不是对立关系。一般情况下，高校思政教育的学术研究者也是行动实施者，行动研究与学术研究的结合是高校思政教育研究方法科学化的前提条件。单方面重视行动研究而忽视学术研究，会使实际行动缺乏理论基础，降低行动的实效性；反之则会使学术研究脱离实际情况，理论的科学性随之大打折扣。当前我们面临的现状是后者。尽管高校思政教育处于专业化发展的新时期，但思政教育的学术研究方法仍停留在重理论、轻实践的阶段。理论研究者一味重视其知识体系构建，不能很好地将其与实际行动结合在一起。

4. 缺少对教育评价体系建设的反思

（1）评价结果缺乏数据统计

评价指标的多样性会导致评价结果的多重性，每一种评价结果都能够反映高校思政课堂教学中存在的某方面问题。但事实上，未经数据化的评价结果是不具有科学性的，无法加以系统梳理和概括。例如，期末考试中，在试卷具有良好的信度、效度和区分度的前提下，计算不同分数区间内学生数占学生总数的比例，能够更清晰地反映高校思政课堂教学的有效性，为日后教学计划的制订提供参考。如果不这样做，仅仅通过试卷评阅得出每一个学生的分数成绩，则此次教学评价的结果是不全面的。

（2）高校缺乏教学评价的激励机制

无论教育者还是受教育者，都需要激励机制去调控教学过程的能动性。当然，我们并不否定教育者的职业道德，但客观上讲，激励制度与教学效率之间必然成正比关系。如果将思政教师的考核评估体系与教学评价结果相关联，评价结果较好的思政教师能够在物质上和精神上得到肯定，教学评价结果的利用效率将会大幅提升，并使数据化的教学评价现象得到反馈，为今后的教学实践活动提供参考。

二、国外高校思政教育的发展

（一）国外高校思政课程教育的特点

1. 以课堂教学作为思政教育的主要手段

在当代西方高校的教育过程中，虽然思政教育使用的名字是不相同的，但其所围绕的主题教育课程的内容是基本一致的，都具有鲜明的时代性和政治性。通过阅读西方的有关思政教育的参考文献，我们不难发现，当前西方高校在进行思政教育的时候通常采用道德素质教育、政治教育以及宗教教育等方式来进行。

与这些主题所对应的课程主要有西方文明史、思想史、人文科学和社会科学等，教师主要通过课堂教学来完成思政教育。比如在美国，实施思政教育的主要方式就是老师讲解，为国家思政教育做宣传，让学生真正意义上接受并实践。

2. 利用宗教辅助思政教育

在国外，宗教教育具有政治教化、道德教化的功能。与此同时，宗教教育还被应用于改变民众的思想言行，宗教教育之所以具有十分重要的作用，就是因为它能够在一定程度上减轻人所承受的精神压力，还能缓解被压迫民众与统治阶级之间的矛盾，在维护西方国家社会稳定方面是很有好处的，因此，思政教育在西方国家也占有很重要的地位。

随着时代的发展，人们的思想观念产生了极大的转变，但完全没有降低宗教在西方国家中的地位，还在一定程度上使其影响范围变得更加广阔。当前，大部分的西方国家都倾向于将宗教教育的理念灌输到人们的日常生活中，把宗教教育作为开展思政教育的主要途径。

不过，无论如何，都不能改变西方国家采用宗教教育的方式来维护政权的本质。基督教的教义很好地反映了西方多家思政教育的本质：为了追求宗教信仰，哪怕要付出自己的生命也在所不惜。这种精神看起来像是在努力追求自己的宗教信仰的一种无畏的精神，实际上是要起到团结人心的作用。

3. 利用媒体宣传提升思政教育效果

现代思政社会化是通过报纸、广播、电视、电影，以及计算机网络等大众传媒工具来实现的。毫无疑问，在当代思政教育的宣传上，这些大众媒介起着至关重要的作用。

同时，大众传媒教育具有容易被学生认可和易于接受的特点，这样就能够潜移默化地对受教育者产生影响，与传统的高校教育相比，这种教育方式的优势是显而易见的，因此，现在西方高校大都会选择这种方式进行思政教育，不仅能极大地提高教学效率，还能在一定程度上促进学生道德认知水平的发展。

（二）国外思政教育对我国思政课程教育发展的启发

1. 建立融洽的师生关系

在思政教学活动中，师生交往关系对教学过程和结果存在着极大的影响。传统的"重师轻生"观念固然不可取，但"重生轻师"完全以学生为主的高校思政课堂也同样是不可取的。高校大学生和高校教师之间的关系是平等的，本不应该严格对立、分离的。思政教师与学生之间应该是包容的交际关系。

思政教师与学生之间的关系在极大程度上影响着教育的各个方面。比如，学生常常会因为喜欢某一位老师，而爱上这位老师所负责的学科，进而提升成绩；

同理，也有学生会因为不喜欢某位老师，而对该老师所负责的学科产生厌恶心理。如何建立包容性的"我与你"交往关系，在教学中自然而然不考虑谁更重要，非常值得思政教育工作者深思。

2. 杜威的实用主义道德教育理论

新时期，各阶段教育改革都提倡加强学校与社会的联系，甚至是从小确定职业培养方案，根据职业规划进行有针对性的培养，等等。那么，我们社会对学生要求的多元化与现今教学的一元化矛盾能不能通过实用性取向进行改善呢？

第一，教育即生活。学校应对学生的日常生活给予关注，通过加工改造学校的环境来适应学生的特点。教学不仅仅是死记硬背，还应有一个生活体验的过程，教学应与社会生活和学生个人生活进行融合，高校对学生的教育应从讲授向体验转变，向生活"靠拢"，在转变教育方式的过程中提升教育效果。

第二，学校即社会。学校要加强与社会的联系，把学校变成小的社会，使学生在学校中体验社会的要求和价值观，引导学生与社会积极互动，在交互中积累经验、吸取教训、掌握生活技能，以提高学生适应生活的能力。

第三，从做中学。"从做中学"是杜威在教学过程中得出的重要教学方法，杜威反对学生坐在课桌前死记硬背式的僵硬学习，强调要从"做"中有效地学习，学生通过亲自"操作"获得知识。杜威认为给学生现成的材料来避免学生犯错是不对的，应给学生未经加工的粗糙的材料，如果学生活动的目的只是完成任务，那么学生获得的知识只不过是技术而已。所以，杜威的"从做中学"理论是对传统教学注重知识本位、忽视学生兴趣的反驳，应让学生的知识和行为相统一，以达到预期效果。生活化的思政教育就是要学生在生活中接受教育，亲身感受生活之美，从"听中学"变为"做中学"，并把所学理论与生活结合，从而转变学生思想，提高其道德水平。

3. 斯宾塞道德教育方法

斯宾塞对于儿童道德教育方式很简单：有耐心，少发布命令，不以成人眼光对待。这些我们都可以轻易理解，但在真正的高校思政课堂上，思政教师有可能会因为课本内容和课程标准要求，将学生提出的宝贵思考和值得讨论探究的一些片段都给忽略掉。这显然是得不偿失的。这样的思政教师其思政课堂形式即使富有新意、积极能动，但本质还是课本的传声筒。学生的核心素养和全面发展，思政教师的与时俱进与专业化，不只是宏观理论层面的，更应是具体意义上的。思政教学是对人的教学，是对学生发展的教育，所以更应该从小处入手，像斯宾塞对于儿童道德教育提出的要求一样，灵活细致，抓住高校思政课堂中关键的教育点，引发学生创造性、突发性的思考，让高校思政课堂真正呈现灵活生动勃发的一面。

当今世界，各种思想文化相互碰撞，既相互纷争，又相互吸引。思政教育只有通过博采众长，比较进步，才能焕发出更加旺盛的生命力。当代西方国家道德教育理论思想活跃，各有所长，对我国思政教学问题中具有一定的借鉴意义，我们有必要通过具体的认识，将其与我国实际相结合进行多方面研究。但无论是理论还是实践方面，教育学者都需以包容、开拓的精神来看待这些观点，以务实、严谨的态度进行细致研究，这样才能批判性汲取有益成分，发掘出可用观点，真正取得创新性发展。思政教学不同于其他学科的学习，它有明确的核心理念并在教学内容上充分体现，是对某些思想内容的强化和灌输。因而在很多高校思政课堂中经常会出现设计性过强，局限范围过窄的问题。21世纪不可遏制的全球化浪潮影响和改变了包括教育在内的人类生活的方方面面，人们受多元文化与知识的影响越发深刻，因此，教育工作者对于思政教学的生成性问题应该有一个更合理的态度。

第四节　高校思政教育的课程设置

一、高校思政课课程设置

课程内容是指为满足教育教学和学生成长需要，依据课程目标要求而组织选择的一系列直接经验和间接经验的资源总和。课程内容的组织主要有两种形式：一是教科书，教科书是最为具体、直观而又贴近学生学习生活的课程内容组织载体；二是课程标准，课程标准是最基本、最重要的课程内容组织载体。中华人民共和国成立后，高校思政教育学科的课程标准，经历了从无到有、不断完善的发展历程，课程标准曾有过不同形式的称谓，如教学纲目、课程指示、讲授提纲、教学基本要求、教学要点、教学大纲等。但是，受到苏联教育体制的影响，我国使用最多最频繁的还是"教学大纲"这一称谓。教学大纲是由国家或地方政府职能部门制订的阐述特定课程指导思想、课程目标、教学基本要求以及课程实施建议等的基本规范。对于任何一门课程而言，它都是该课程的"根本大法"，目的在于规范课程教学，提高教学质量。

随着国际形势的深刻变化，我国改革开放不断深入发展，社会主义市场经济体制逐步建立，大学生思政教育面临许多新挑战。为适应新变化和新要求，提高大学生的思政素质，促进大学生全面发展，2004年8月，中共中央、国务院印发了《关于进一步加强和改进大学生思政教育的意见》(以下简称《意见》)。为贯彻落实《意见》精神，2005年2月，中宣部、教育部专门颁布了《关于进一步加强和改进高等学校思政理论课的意见》(以下简称"05方案")，对课程设置进行了调整，形成了比较完善的课程体系，编写出反映马克思主义最新成果的教材。随着"05方案"实施，与"05方案"相配套的新教学大纲也相继编写并颁布。新的教学大纲编写采取课题申报的方式，实行"定向申报、择优遴选、集中编写"的模式，经过课题组、中宣部、教育部、高等学校思政理论课教材编审委员会、马克思主义理论研究和建设工程协调小组、咨询委员会等层层把关，才最后定稿公布。历经多次修改后，教学大纲的最终版本如表2-4-1所示。

表2-4-1 教学大纲

思政属性	课程模块	课程类别	功能定位	建设重点
显性教育	思政理论课	思政教育四门必修课程、形势与政策课	引领：系统开展马克思主义理论教育教学	纵向衔接：与中小学政治课程衔接，与研究生思政理论课衔接 横向贯通：与思政理论课课程内部结构衔接，重点是四门本科生必修课程与形势和政策课之间的关系
隐性教育	综合素养课程	通识教育课、公共基础课等	深化：凸显哲学、社会科学的社会主义意识形态功能	制订综合素养课程建设价值观标准；建设一批理想信念教育品牌课程；形成总体实施方案，编制具体课程教学指南
	教育课程	哲学社会科学课程	拓展：注重科学思维和职业素养教育	形成总体实施方案，选取三到四门课程开展试点，编制具体教学指南，开展效果评价
		自然科学课程	浸润：在培育人的综合素养过程中牢铸理想信念	形成总体实施方案，选取二到三门核心课程开展试点，编制教学指南，开展效果评价

二、高校思政课程设置的特点

（一）高度的使命感

习近平总书记在全国高校思政工作会议上强调，要教育引导学生正确认识世界和中国发展大势，从我们党探索中国特色社会主义历史发展和伟大实践中，认识和把握人类社会发展的历史必然性，认识和把握中国特色社会主义的历史必然性，不断树立为共产主义远大理想和中国特色社会主义共同理想而奋斗的信念和信心；正确认识中国特色和国际比较，全面客观认识当代中国、看待外部世界；正确认识时代责任和历史使命，用中国梦激扬青春梦，为学生点亮理想的灯、照亮前行的路，激励学生自觉地把个人的理想追求融入国家和民族的事业中，勇做走在时代前列的奋进者、开拓者；正确认识远大抱负和脚踏实地，珍惜韶华、求真务实，把远大抱负落实到实际行动中，让勤奋学习成为青春飞扬的动力，让增长本领成为青春搏击的能量。①

2018年教育部印发的《新时代高校思想政治理论课教学工作基本要求》指出，思政理论课承担着对大学生进行系统的马克思主义理论教育的任务，是巩固马克思主义在高校意识形态领域指导地位、坚持社会主义办学方向的重要阵地，是全面贯彻党的教育方针、落实立德树人根本任务的主渠道和核心课程，是加强和改进高校思政工作、实现高等教育内涵式发展的灵魂课程。②

思政理论课不仅是每一位大学生的必修课程，而且要求学生具有高度的使命感。在当前高校所开设的课程中，没有一门课程的设置像思政理论课这样受到党中央高度重视，中央政治局常委会专门研究部署了高校思政理论课工作，对课程设置、教材编写、学时安排等作出明确规定。因此，思政理论课高度的使命感决定了思政理论课在高校课程体系中的特殊性。高校思政理论课应正确认识时代责任和历史使命，在落实立德树人根本任务方面发挥独特作用。

---

① 吴晶，胡浩．习近平在全国高校思想政治工作会议上强调把思想政治工作贯穿教育教学全过程开创我国高等教育事业发展新局面[J]．中国高等教育，2016（24）：5-7．
② 教育部关于印发《新时代高校思想政治理论课教学工作基本要求》的通知[J]．中华人民共和国教育部公报，2018（05）：15-18．

(二)理论结合实际

马克思主义中国化就是把马克思主义基本原理同中国具体实际和时代特征结合起来,运用马克思主义的立场、观点、方法研究和解决中国革命、建设、改革中的实际问题。思政理论课从课程性质上看是一门理论课,但理论来源于实践。因此,随着世界局势、国家发展、党的建设等方面的不断变化,理论联系实际是思政理论课教学的基本方法。思政理论课需紧密结合实际,帮助大学生正确认识马克思主义理论,深刻理解中国特色社会主义理论,科学面对当今各种社会思潮。如果思政理论课脱离实际,只是从理论到理论,照本宣科,教条主义和形式主义盛行,将无法有效激发大学生的学习兴趣。

与此同时,思政理论课需理论结合实际解决大学生的实际问题。思政理论课教学和其他专业课教学的一个显著不同,就是要引导大学生合理运用马克思主义基本原理和方法来分析和解决实际问题。例如,只有结合半殖民地半封建社会的近代史,讲清中国各阶级、各政党为挽救民族危机进行的各种道路的探索,大学生才能真正理解中国人民站起来是多么不易,才能理解历史和人民为什么选择中国共产党;只有结合改革开放以来的伟大成就,特别是人民生活水平的显著提升,大学生才能切实体会为什么要改革开放,体会到社会主义制度的优越性,才能坚定中国特色社会主义道路自信;只有结合人民思想观念的发展变化,乃至存在的各种思想问题,大学生才能明白培育和践行社会主义核心价值观的紧迫性,才能明白中国特色社会主义文化建设的重要性。思政理论课只有贴近学生生活实际、思想实际,注重发现问题、探讨问题、解决问题,才能成为学生真心喜爱的、终身受益的课程。

(三)与时俱进

从教学内容来看,思政理论课必须与时俱进。习近平同志指出:"马克思主义具有与时俱进的理论品质。新形势下,坚持马克思主义,最重要的是坚持马克思主义基本原理和贯穿其中的立场、观点、方法。这是马克思主义的精髓和活的灵魂。马克思主义是随着时代、实践、科学发展而不断发展的开放的理论体系,它并没有结束真理,而是开辟了通向真理的道路。"[1] 马克思主义与中国实践相结合,

---

[1] 孙亚芳. 探析习近平的马克思主义观[D]. 北京:中国青年政治学院,2019.

产生了毛泽东思想,回答了中国为什么要革命、为谁革命、靠谁来革命、怎样进行革命等重大问题;产生了邓小平理论,回答了什么是社会主义、怎样建设社会主义的问题;产生了"三个代表"重要思想,回答了建设什么样的党、怎样建设党的问题;产生了科学发展观,回答了实现什么样的发展、怎样发展的问题;产生了习近平新时代中国特色社会主义思想,回答了新时代坚持和发展什么样的中国特色社会主义、怎样坚持和发展中国特色社会主义的问题。高校思政理论课应当与时俱进地挖掘理论深度,引导学生传承马克思主义,让马克思主义不断向前发展。例如,《毛泽东思想和中国特色社会主义理论体系概论》的教材在高校思政理论课编写领导小组领导下组织编写,自2007年出版后,先后于2008年1月、2008年8月、2009年5月、2010年5月、2014年1月、2015年8月、2018年3月、2021年8月、2023年2月进行了九次修订,与时俱进地反映了马克思主义中国化最新成果。

从教学对象来看,思政理论课必须与时俱进。相较于父辈,在经济条件方面,当代大学生的经济条件普遍得到显著改善,尽管存在部分贫困学生,但国家通过助学贷款、奖学金、助学金政策以及减免学费等多种方式予以资助,他们普遍衣食无忧,生活安逸,吃苦较少,对未来充满期待与信心,但也存在急功近利、心理素质较差、抗挫折能力较弱等问题。在思想方面,当代大学生受到多元文化的影响,思想活跃,易于接受网络中各种各样的新观念,同时他们也受历史虚无主义、功利主义等错误思潮的影响,还未形成远大而崇高的理想信念。在学习方面,当代大学生出于今后就业的需要,对专业课程比较重视,同时由于部分学生学习自律性较差,旷课、迟到、上课睡觉、玩手机等现象有日益严重的趋势,甚至极少数学生网瘾严重而长期闭门不出。高校思政理论课要真正实现入耳、入脑、入心、入行,就应针对大学生实际因材施教。因此,高校思政理论课必须与时俱进地分析学情,把握当代大学生的特点、成长规律,采取让大学生喜闻乐见的教学措施对其进行教育教学。

从教学手段来看,思政理论课必须与时俱进。随着信息化技术的快速发展,各种信息化教学手段、教学理念层出不穷,以教育信息化带动思政理论课教学现代化,使信息技术与思政理论课教学有效融合,是目前思政理论课教学改革的必然选择。一方面,在网络教学平台、大数据等信息化技术的支持下,思政理论课从"粉笔+黑板"的传统课堂发展到多媒体课堂,现如今正在朝移动课堂发展,课堂教学模式的发展必然会引发学习模式的深刻变革;另一方面,无线网和智能手机迅速普及,我国已经进入移动互联网时代,信息传播的速度和广度达到空前的水平,思政理论课教学可以将最新的资讯引入其中,增强教学内容的时效性。

第三章 传统文化与高校思政教育的关系

本章主要探索传统文化与高校思政教育的关系,主要探讨了传统文化的高校思政教育价值、传统文化和高校思政教育的契合性以及传统文化发展对高校思政教育的影响。

第一节 传统文化的高校思政教育价值

一、中国传统文化的政治教育价值

传统文化是社会主义核心价值观的基础之一,因此必须对其进行充分利用,让其在社会主义核心价值观的培育过程中发挥作用。

首先,传统文化具有示范功能。我国在传承和弘扬传统文化方面所积累的宝贵经验,可以为培养社会主义核心价值观提供有益的借鉴。借鉴传统文化培育成功的经验,推广社会主义核心价值观是可行的。高校学生可以从传统圣贤所展现的道德品质与风范中,获得自身发展所需的重要内容,促进自身社会主义核心价值观的培育。许多传统价值观念在现代社会仍是积极向上、值得我们尊敬和学习的价值观。

其次,传统文化具有引导功能。目前,我国的主流意识形态面临失去影响力并被边缘化的困境。唤起个人对社会主义核心价值观的共鸣,加深其意义与人们的接受程度,对克服当前主流意识形态边缘化的问题有很大的帮助。在高校中,传统文化已成为不可或缺的教育元素,打下了良好的基础。通过传承传统文化,可以引导大学生自觉接受和实践社会主义核心价值观。

再次，传统文化具有资源功能。在培养和弘扬社会主义核心价值观的过程中，传统文化扮演着不可或缺的角色，是一份宝贵的资源。传统文化包括了三个方面：物质层面、精神层面以及制度层面。物质层面的传统文化，可以通过展示中华民族艰苦奋斗的传统，教育人民为实现中国梦而奋斗；精神层面的传统文化，可以通过民族精神和优秀的传统道德教育，激励人民立志于建设社会主义事业；制度层面的传统文化，要让高校学生深刻领悟社会主义制度的先进性，自发地融入社会主义核心价值观的培育过程。

二、中国传统文化的思想教育价值

中国人独有的世界观和价值观在马克思主义传入之前就已经形成了。接受马克思主义思想后，中国人能够更深入地理解和传承自己的传统文化。中国传统文化与马克思主义有许多共通点，这也是马克思主义能够在中国传播的重要因素之一。历代中共领导人的思想修养中都深深融合了中国传统文化的精髓。

中国大学生思政教育的指导思想应当是与当前社会相适应的，因此要以传统文化为根基。教师应该在尊重中国传统文化的基础上，充分利用其中蕴含的道德伦理思想，以传统文化为媒介，引导大学生运用全面的视角和思维方式去探究问题，从而激发学生广泛的学习和研究热情，避免其将关注点限制在自己的学科和专业之中。同时，教师应该加强学生的心性修养，让他们深刻认识到追求真理与美好、增长学识与修养之间的紧密联系；要让学生重新思考个人的价值，明确自己的立场，并建立正确的世界观、人生观和价值观；教导学生在学习探索的过程中，始终抱持诚实正直、尊重道德的原则，全面促进自身的成长与发展。

三、中国传统文化的道德教育价值

传统中国人非常注重道德修养。道德素质发展的目标是促进主体道德认识、道德意志的发展。

（一）提升主体的道德认识

中国传统文化中丰富的道德认识能够丰富主体的道德知识，提高其道德修养。首先，提供理性精神，要求人们按照理性的规则来规范自己的行为，这是德行和理性的一致性所在。中国传统文化的理性精神体现在其不受宗教束缚的态度上，大多数中国人并没有宗教信仰。中国传统文化的理性精神还表现为具有唯物论和辩证法的传统，中国人总是力求客观地认识世界和自身。其次，为道德知识打下良好的基础。传统文化中涵盖很多为人处世方面的知识，这些知识对于塑造人们的高尚道德品质具有至关重要的作用。最后，中国传统文化还具有塑造个人道德观和促进道德共识形成的作用。

（二）激励主体的道德意志

传统文化可以通过引导、激励和塑造道德意志来发挥作用，其主要手段包括榜样示范、进行外部强化和通过环境进行影响等。首先，砥砺顽强性。中国传统文化弘扬一种顽强的奋斗精神，重视人格尊严，主张在任何外部环境下都不能放弃自己的道德追求，不能改变自己的道德品质。中国共产党人也正是继承了传统文化中顽强的品格，才最终取得革命的胜利。其次，炼砺自制性。中国传统文化倡导专注和自我克制，在"克己复礼"这一道德要求下，人们可以培养强大的自我控制能力，能够依照社会道德规范去处理事务。最后，锤砺果断性。中国传统文化推崇果断的意志品质，鼓励人们做事情不要犹犹豫豫瞻前顾后，想通了就迅速采取行动。

四、中国传统文化的心理教育价值

心理教育的最终目的是提高受教育者的心理素质。现代社会生活的飞速变化使人们的心理产生了不适应性，许多本身心理素质并不强大的人面对巨大的心理压力，无法合理地进行心理调适，乃至患上了心理疾病。而中国传统文化中的心理思想有着独一无二的心理健康教育价值。大学生是心理疾病发生的高危人群。中国传统文化对于个体心理健康的形成有着重要的意义。

（一）以乐观精神培育积极的心态

通过学习中国传统文化，人们能够使自己的心态变得更加积极。积极的心态会促进人的身心健康发展，而消极的心态不利于身心的健康发展。

1.引导积极的情绪

积极的理性认识和积极的情绪并不相同，具体来说，即使从理性上分析时，知道某件事不应该感到消极与难过，但是人的主观情绪还是会产生消极悲伤的情绪。举例来说，某个人面试失败了，从客观理性的角度来说，这只是一件很正常的事情，而且就算那个公司的发展前景一般，人还是会产生悲伤与消极的情绪。而中国传统文化可以引导人们产生积极的情绪：古代文人如果遇到不愉快的事情就会用诗或词来抒发心中的不快，为产生积极的情绪提供条件。

2. 培育积极的理性

中国传统哲学所蕴含的乐观态度为人们提供了理性的支持，助力其保持积极心态。在中国传统的辩证法中，矛盾具有相互转化的特性。事物的发展是曲折的，但是总体趋势是向前发展的。从培育积极心态的角度来说，也可以认为积极心态的建立是必然的，只是时间的早晚而已。中国传统辩证法尤其注意从事物的对立转化角度来对待消极的事物，强调要从困难中看到机遇，把危机化为转机，把坏的因素向好的方面转化。

3. 激发积极的行动

现实生活中的不如意之处通常是引起心理问题的主要原因，唯有改善现状解决问题才能改善心理状况。中国传统文化能够激发人们积极行动、寻求解决问题的方法的动力。在我国古代历史上，也有许多充满生命力、积极向上的典型人物。例如，"盖文王拘而演《周易》；仲尼厄而作《春秋》；屈原放逐，乃赋《离骚》；左丘失明，厥有《国语》；孙子膑脚，《兵法》修列；不韦迁蜀，世传《吕览》；韩非囚秦，《说难》《孤愤》；《诗》三百篇，大底圣贤发愤之所为作也。"[①]

（二）以人伦精神形成和谐的人际关系

1. 化解人际冲突

人际冲突对和谐人际关系的建立是不利的。中国传统文化关于处理人际关系的内容有很多，主要办法有两种：首先，采取"以直报怨"的做法，我们应该用正确的方法处理仇怨，不能刻意报复对自己有敌意的人；其次，秉持"忠恕为本"的原则，面对他人的失误应该以宽容的心态去看待，对待自己的工作应该始终忠诚，履行自己的个人职责和使命。

2. 促进积极沟通

人际关系建立的基本条件是沟通，传统文化中关于人际沟通的意义有许多论述。人际关系在中国传统文化中是社会生活的核心和重要组成部分，人与人之间

---

① 张潮. 幽梦影[M]. 北京：知识出版社，2015：209.

的互动、合作和相互依赖对社会生活至关重要。中国传统伦理鼓励人们与他人保持和谐共处的态度；重视礼仪，将其视为人际关系的基石；强调亲情和友情的重要性，尊重长辈、关爱家人；强调个人责任和社会义务的履行。

3. 创造和谐环境

人际关系的和谐与否与整体社会氛围和群体氛围息息相关。在人际关系方面中国传统文化强调要使五伦各得其所。孟子认为：君臣之间有礼义之道，故应忠；父子之间有尊卑之序，故应孝；兄弟手足之间乃骨肉至亲，故应悌；夫妻之间挚爱而又内外有别，故应忍；朋友之间有诚信之德，故应善；这是处理人与人之间伦理关系的道理和行为准则。

五、中国传统文化的创新教育价值

（一）中国传统文化的创新性

随着社会的发展，各门学科的边界正在被打破，一门学科要想创新，就需要和其他学科融合、交叉渗透。这种交叉是科学发展的必然，没有哪一个学科是能单独存在的。只有这样，学科才能进行创新，获得新的生命力，实现新的发展与进步。思政教育学科也不例外，从内容上看，它包含着哲学、历史学、心理学、美学等方面的内容，涵盖着多种与"人"有关的学科。而思政教育要想发展创新，也必须和这些学科深度交叉融合。

在我国，思政教育学科在几十年的发展历程中，成果丰硕，为社会主义建设作出了巨大贡献。但现代社会发展速度一日千里，已经与原来的发展形势不可同日而语，经济一体化、信息全球化和大数据时代所带来的消费主义、快餐文化等不断地冲击着人们的思想观念，在这种情况下，当代青年的认知方式和价值判断标准也发生了相应的变化，原有的思政教育形式和内容，都不能满足现实的需求，社会和时代都给思政教育提出了一定的要求。

推动中国传统文化与思政教育的渗透融合，能够充分挖掘和发挥中国优秀传统文化在思政教育过程中的育人功能、稳定社会功能和整体凝聚功能，能够拓展思政教育研究的新视角，把植根于中国人内心的优秀传统文化精神与马克思主义中国化理论相结合，这是引领当代中国思政教育良性健康持续发展的必由之路和科学选择。中国的传统文化从来不缺乏创造力，向来推崇创新精神，它以自身独有的思维方式和价值取向为培养创新型人才打下了坚实的基础。

1. 中国传统文化的创新实践

中国传统文化包含大量具有创新意识的实践活动，可从思想文化、经济、政治和科技四个角度对其创新精神进行分析。

第一，思想文化创新实践。轴心期文明是中国先秦时期的一种重要文化现象。在那个时期，我们的思想和学术已经成为全球的领先者。佛教在轴心期文明之后进入中国并逐渐演变为适应当地文化和信仰的本土佛教，同时也出现了新的儒学思想，两大轴心文明完美融合，完成了文化的又一创新。后来中国文化传播到东亚一带，形成了东亚儒家文化圈，这代表了中国传统文化具有适应各个不同国家、不同民族文化的创新性。

第二，经济创新实践。中国古代在经济方面的创新实践也非常丰富。首先，经济制度不断创新：西周实行井田制，春秋战国则实行土地私有制。在战国时期，商鞅采取变革措施，废除井田制度并开辟新的耕地制度，激发了经济发展的新动力。在秦朝，土地经历了私有化，归个人所有，秦朝政府还推行了统一的货币制度。在汉武帝统治时期，对货币制度进行了改革。西晋时期的经济制度改为户调式。在唐朝时期，先后实行了租庸调法和两税法。在明朝时期，一条鞭法得以推广。在清朝时期，国家层面实行摊丁入亩的制度。其次，经济流通手段不断创新。商朝出现了商业经济，使用贝类作为交易货币。西周时期的货币是金属。在宋代，人们开始使用纸质货币——交子，这也是世界上最早的纸币。

第三，政治创新实践。中国古代的历朝历代实行了许多不同的政治制度。西周实行封建领主制度，秦则实行封建地主制政治体制。隋朝实行三省六部制，尤其值得一提的是创立了科举制。中国历史上也出现了大量的政治改革实践。齐桓公任用管仲实行改革成为春秋五霸之首。战国时期先后有李悝在魏国的变法、楚国吴起改革、赵韩齐燕改革、秦国商鞅变法。

第四，科技创新实践。中国古代在科技创新领域拥有两个显著的特色：其一是在相当长的时期内，中国在创新水平方面始终走在世界前沿。在3世纪到13世纪之间，中国科技水平遥遥领先于西方。其二是这些科技成果对世界各国都产生了广泛而深远的影响。

2. 中国传统文化的创新思想

中华民族是一个推崇创新的民族。如《周易》讲的是变易之理；法家的变法理论强调创新；兵家推崇新颖的思考方式，出奇制胜。

第一，人才是创新之本。中国传统文化十分重视人才的作用，强调创新要靠人才驱动。各朝代的君主帝王都十分重视人才，由此出现选拔人才、笼络人才的科举制度。

第二，创新应是一种自然的现象。中国传统文化认为变化才是生活的常态，生活的本质在于不断的变化，创新与变化息息相关。从政治关系角度看，政治权力的格局始终处在变化之中；从财产关系来看，财富永远处于变动的状态；从个人际遇角度看，人生有高峰有低谷，并不是一成不变、一帆风顺的。

第三，创新的质量高于数量。中国传统文化十分重视创新的质量。古代文学家中，多年才出一部精品的大有人在。传统文化的创新质量观正是今天我们所需要的。

（二）传统文化经典与创新人才培养

经典是世界教育史上不可或缺的的学科，经典教育也是最为重要的教育内容和形式之一。但是，随着时代的演进和科技的不断发展，经典教育逐渐失去了市场，渐渐被人们遗忘。教育活动愈发多元化，超越了传统经典知识的范畴，学生不再仅仅偏向智力和学术方面的发展，而是朝向全方位、多元化的方向发展。在发达国家的一流大学中，传统教育仍然是至关重要的组成部分。对我们的高等教学进行重新审视后就会发现，如果不注重经典教育，会在一定程度上妨碍人才的培养，不利于高质量人才的产出。我国高等教育改革的重要使命之一就是在现有的教育体系中补充经典教育的课程，发展适应时代发展需要的新经典教育。

1. 传统文化经典教育的方法

高校要提高创新型人才的培养质量，就要积极破除教科书教育方式带来的弊端，采用经典教育方式。我们必须重视经典教育，在我国高校掀起经典教育热潮，让经典永远成为我们教育的底色。通过阅读经典让学生得到文化的熏陶、思维的训练、语言的享受，从而提高创新思维、创新能力。

首先，革新经典教育观念。说起经典人们最先想到的是"四书""五经"等一大堆古老的名词。我们对经典教育的推崇不应仅仅涵盖先秦或古希腊的经典，更应广泛包含所有流传至今的杰出著作。我们只有扩大经典的范围，才能满足不同学校、不同专业、不同个体的教育需求。

每一个专业都有自己的经典，也有一些经典是综合性的，不属于某一个特定的专业领域，还有一些经典是属于整个民族、整个世界的。这三类不同的经典都要受到重视，而不是局限于某一类经典。在经典阅读上要做到"四个并重"，即古今并重、中外并重、多学科并重和专业领域与公共领域并重。只有拓宽阅读的视野，才能让经典发挥更大的作用。

其次，加强经典教育意识。要培养创新型人才，就要鼓励广泛阅读古今中外的经典，开阔眼界增加思想创新的原动力。

最后，对经典教育理念进行全社会的普及和推广。在过去几十年里，西方兴起了一股名著阅读风潮。支持这一风潮的人认为，应该把更多的时间用于名著阅读，甚至有人主张将其作为终身事业，因为这对于提高人们的心智能力、阅读技能、交流能力、洞察力和理解能力等方面都有很大的帮助。普及经典教育对整个民族文化素质和理论素养的提高都有很大的益处。经典名著读之不尽、学之不竭，价值经久不衰。

2. 传统文化经典教育的意义

经典教育可以切实提高大学生的理论思维水平、思想原创力水平、专业学习水平和人文精神。在高等教育中，强化经典教育是一种有效的教育补充，可以解决单纯教科书教育带来的不足，对创新型人才的培养有极大的推动作用。经典的内在丰富性与启发性是二手资料难以比拟的，要真正研究学问，就必须进行经典阅读。

经典教育可以提高大学生的理论思维水平。阅读经典著作往往挑战性很大，但这也能更有效地培养人们的理解能力。正是因为经典名著意蕴深厚、难以捉摸，所以阅读它们得到的回报也是更加丰厚的。经典名著有着更强的启发性，可以激发读者的思考、培养读者的思维活跃度，对智力的提升也有更积极的促进作用。

经典教育可以培养大学生思想的原创性，其写作方法和内容具有永恒性，而且会经久不衰地启迪读者，不受时间变迁的影响。

经典教育可以提高大学生的专业学习水平。经典是每门学科的基石，它们为学科提供了基础。每个学科都是在一系列经典著作的基础上建立的。读好学科的经典无疑有利于学生对专业课的学习。如果只是通过阅读教科书来获取一些表面性的知识，而不接受系统性、专业性的学术训练，那么就很难实现学术上的进步。大学生在学术上的专业训练要从读经典开始。大哲学家费希特起初并不爱哲学，在读了康德的著作后，才对哲学入了迷。经典著作对于知识的探索者来说充满了无穷的魅力，故而对提高大学生的专业学习兴趣和专业素养有莫大的裨益。

第二节 传统文化和高校思政教育的契合性

中华民族文化的本质和灵魂分别是文化和民族。中国传统文化可以提供丰富的思政教育资源，因此可以将其融入高校思政理论课中。传统文化所蕴含的思政教育理念与国家当前提出的思政教育目标、内容和方法高度相似，因此，两者在教育目标、内容和方法等方面的契合度很高。

一、育人目标上的契合

在中国传统文化中，个人的精神发展是非常重要的，人的价值也受到高度重视。因此，衍生出了很多有关人生、社会的文化理念。中国古代已经有许多思想家对人类在社会中的地位进行了探究。中华文化一直重视人的价值，并将人置于核心地位。另外，中国传统文化以道德和伦理为核心。因此，在传统文化中，道德教育被视为最为关键的一部分，也是"修身"的重要方面。传统文化教育的核心在于尊重和启迪人性，目的是帮助学生建立健全的人格，提升道德修养。习近平总书记强调，当前国内各大高校的思想政治教育需要解决以下问题：要为国家培养哪类人才，用哪种主要手段培养，怎样培养。除此之外，我们也需要强调以德育为重的教育理念。教育工作的核心使命是培养综合素质全面发展的人才，以满足社会对有能力、有价值人才的需求。因此，除了提高员工的技能水平之外，还需加强学生的素养，使其具备高尚的品德和全面的人格素养。这表明，高校思政理论课和传统文化教育有很多相似之处。二者都非常注重培养个人的思想道德意识。

二、教育内容上的契合

在社会主义发展中，必须建立核心价值体系，引导人们的思想，增强社会共识。党的十八大对社会主义的价值观进行了总结和提炼，包括"富强、民主、文明、和谐，自由、平等、公正、法治，爱国、敬业、诚信、友善"。① 在党的二十大报告中，特别强调了"社会主义核心价值观是凝聚人心、汇聚民力的强大力量""必须全程践行社会主义核心价值观"②。当代中国以社会主义核心价值观为指导思想，始终坚定文化自信，着力打造文化强国。建设社会主义核心价值体系可以为思想政治教育提供基本准则，也可以为大学生思想政治理论课指引前进方向。高校应该从世界观、人生观、价值观、法治观和道德观这五个方面对学生进行思想政治教育。而这些内容与传统文化有很多共通之处。站在国家的角度上进行分析可知，传统文化所倡导的"文明以止"和"中庸协和"理念，要求在和谐、文明的基础之上，实现德治和民生的充分融合。与此同时，传统理念也要求在追求发展的过程中，坚持富民与诚信的相辅相成，不可偏废，这种观念与目前国家倡导的"富强、民主、文明、和谐"理念相契合。在社会层面上，传统文化教育强调人们要遵循诚信原则，国家也应该依据社会需求和实际情况对收入进行合理分配，这与当前提倡的"自由、平等、公正、法治"理念一致。在个人层面上，孟子的"诚者，天之道也；思诚者，人之道也""仁爱"③也很符合社会主义核心价值观的要求。

三、教育方法和理念上的契合

（一）因材施教

个人的成长过程中所处的环境、接受的教育水平等方面的差异，导致不同人在教育起点上存在差异。古代思想家一般会考虑民众的不同身份、天赋才能等，根据个人性格特点，采取不同的教育方法。正所谓"夫子教人，各因其材"。目前，教育界普遍倡导"以人为本、以生为本"的理念。为了实现这一目标，高校思想政治理论课应采用因材施教的教学方法，充分考虑学生的个性心理和思想品德发展水平，以尊重、理解和关怀学生为出发点，制定相应的教学内容和方式。这种教学方法旨在引导学生，帮助他们改善人格品质。

---

① 感悟十八大——十八大报告新思想新观点新论断[J].党的文献，2013（01）：95-104.
② 二十大报告（实录全文）摘录[J].广州社会主义学院学报，2023（03）：2+113.
③ 孟子.孟子[M].北京：中信出版社，2013：162.

（二）躬亲实践

中华民族从古至今一直非常重视实践。同时，随着不断的发展，人们建立了一些实践理念，比如传统文化中的"格物致知""知行合一"等，这些理念的确立有助于更好地体现"实事求是"思想的重要性。在中国传统文化教育中，"知"和"行"被视为不可分割的一体，传统文化尤其强调"知行合一"。"知"所指的是对伦理和哲学等方面的认识；"行"指的是人们在道德实践中的行动。在儒家思想中，个人的道德修养水平需要通过其行为表现来进行评价。换言之，道德修养和实践是密不可分的，必须使语言和行动保持一致，并通过深入的教育和引导来培养学生相应的品德和实践能力。"知行合一"这一思想具备很强的开创性，伴随该思想出现的是更高的个人道德标准。这些事实表明，传统的德育宗旨是培养学生学会"知德行善"，并通过"自省""躬亲"等方式培养真正为社会所需的、全面发展的人才。目前，高校思政教育工作通常是基于实际情况展开的，旨在引导学生形成格物致知的思想，并加强其相关的能力水平。高校思政理论课希望通过教学过程，将理论与实践有机地结合起来，使学生在知行合一的基础上，能够将所学知识应用于社会生活和实践中。高校应该主动组织各种实践活动，并鼓励学生积极参与，借此提升学生的道德水平。

第三节　传统文化发展对高校思政教育的影响

在教育体系中，思想教育是必须要进行的一个环节。高校的思想教育同小学和初中思想教育相比差异很大，因为高校学生都已经成年，所以这一阶段的思想教育更注重引导和启发，而非直接灌输。传统文化的引入可以实现民族精神在思政课程中的渗透。

一、利于提高大学生整体素质

儒家是中国传统文化主流思想之一，"仁、义、礼、智、信"是儒家文化的核心理念，代表着儒家所追求的精神境界。高校思政教师应该将这五个方面合理地融入思想教育之中。尽管高校学生之前已经接受了九年义务教育和三年高中教育,但他们的生活还相对封闭,进入大学以后,他们将会遇到各种各样的人。面对这种情况,高校学生需要在学习和生活中秉持住自己的公正之心。通过借鉴儒家哲学的处世智慧,学生可以保持端正的品德,用理性的方式对待他人,从而在当今喧嚣的社会中找到自己的定位。儒家提出了"诚心、正心、格物、致知、修身、齐家、治国、平天下"的人生理念。这种理念符合现代社会的发展方向,有助于塑造大学生独立、自强、谨慎、自信的个性。

当前高等教育的新任务和新方向是教育各高校学生重视我国传统文化中的优秀元素,积极传承和弘扬中华民族精神。中国传统文化博大精深,对其中蕴含的各种精神进行深入理解,对于大学生构建全面的精神世界、确立正确的价值观念至关重要。此外,高校学生传承和弘扬中华民族的优秀传统是极其重要的,这对于学生爱国思想的加强、民族气质的强化等有着至关重要的作用。

二、指导高校辅导员的思想教育工作

孔子的观点是,无论身份和背景如何,每个人都应该平等地接受教育,不应该存在任何等级或门槛限制。现在的高校思想教育工作者和辅导员,在进行思想教育工作时,也必须遵循这一原则,不能对任何一个学生有偏见。高校学生来自全国各地,他们的地域、思想和习惯都有不同,这种不同需要被认真对待。在授课和辅导过程中,应该尊重每一个学生,采用正确的方法。

三、提高高校思想教育的质量

每位思政教师和辅导员都应该关注高校思想教育的质量。从儒家思想中获取经验,可以帮助我们提高教育质量,因为其因材施教的方法是非常有效的。同时,道家思想教导我们在培育人才时需顺应自然规律,了解学生的认知和心理成长规律。高校思政教师和辅导员担负着重要的责任,因此,在进行思想教育时,必须谨慎考虑使用的方法和手段,并依据学生的个性、兴趣和能力做适当的调整,以应对不同情况,对症下药。需要使用引导式教学,让学生能够自主探究和领悟知识,而不是仅仅接受教师讲解。教师应该因材施教,根据学生的差异采取不同的教学方法,这样教学效果才更佳。

第四章 传统文化与高校思政教育的融合

本章主要探讨传统文化与高校思政教育的融合，分别从中国传统文化与高校思政教育的融合现状、中国传统文化与高校思政教育可行性、中国传统文化与高校思政教育意义、中国传统文化与高校思政教育途径以及儒家文化对高校思政教育的启发五个方面进行了阐述。

第一节 中国传统文化与高校思政教育的融合现状

一、传统文化与高校思政教育的融合进程

（一）融合的历史沿革

2004年3月18日，以中共中央为核心对高校思政理论课教学做出了相关批示。8月，又发布了《关于进一步加强和改进大学生思政教育的意见》（本书将其简称为《意见》）。该文件对高校在哲学、社会科学教学方面提出了要求，简述其中的内容就是通过马克思主义中国化的最新理论成果，来作用于高校学生的大脑，使之能够武装起来，达到用优秀文化培育学生的目的。

高校在思政理论教育方面，其教学内容加入传统文化元素，这一举措是一种创新。季羡林、张岱年、邓广铭等社会文化界的大师，几十年来一直宣扬传统文化的意义，通过撰写文章、办传统文化讲座等宣扬传统文化。

为了更好地将传统文化渗透于高校思政教育之中，社会各界都开展了国学月活动，采用播放以文化为主题的电视系列片等手段，使传统文化知识充满趣味性，激发了高校学生对传统文化的兴趣，并在活动之中接受教育。

目前，实现中华民族伟大复兴的中国梦是每一个中国人的梦想，无论从事什么样的职业，大家都为中国的强盛而自豪，而一个强大的国家，也必然是文化强国，建设文化强国自然成了重点。高校作为社会文化传播的前沿阵地，思政教育工作自然也迎来了新的挑战和任务，中华优秀传统文化作为中华民族的"根"和"魂"，其在精神文明建设中的重要作用被越来越多的人所认可。思政教育作为意识形态建设的一部分，和中华传统文化的融合已经是大势所趋，不可避免。

（二）各大高校关于融合发展所做的努力

1. 复旦大学通识教育

通识教育作为教育之中的一个类别，与中国传统文化教育是不可分割的。复旦大学作为一所具有深厚文化底蕴的高校，在此之上不断加深传统文化教育，可以说是一件锦上添花的美事。由于中国传统文化本就包含着爱国爱民、道德立身的思想，以传统文化教育为桥梁，可以加深爱国主义教育和道德教育之间的关系，协同发展，使学生成为优秀的接班人。

传统文化为复旦大学开展通识教育提供了依据，由此建立了复旦学院，以及通识教育研究中心，使高校学生获得了多维度教育。

2. 湖南大学传统文化教育

湖南大学的前身是岳麓书院，是一所拥有悠久历史的高校，在传统文化教育方面具有得天独厚的优势。湖南大学将传统文化传承放在了首要位置，学生入校第一步就是了解岳麓书院所具有的文化底蕴。湖南大学没有强烈地灌输大师风范和赤子情怀，采用的是"随风潜入夜，润物细无声"的方式。

3. 武汉大学特色文化教育道路

武汉大学将中华优秀传统文化教育作为立足点，在不断地进行高校学生思政教育探索与发展过程中，逐渐摸索出一条富有特色的道路。首先，依托于组织规划、活动管理等，支持建设关于传统文化的学生社团，为传统文化教育提供有力保障。其次，武汉大学在深厚人文底蕴的基础之上，采用多种多样的现代教育模式，进行专项策划、科学引导，从而使传统文化逐步迈向精品化、品牌化。经过不断努力，武汉大学传统文化类社团得到了充分的发展，诸如樱花笔会、红楼论坛等活动，犹如雨后春笋一般成长，取得了一定的知名度、美誉度，甚至成为品牌活动项目，具有优秀的教育效果及影响力广度。

4. 河北师范大学文化传承活动

河北师范大学多年以来持续不断地开展传统文化传承活动，诸如"风雅之声"等大型古典诗文诵读活动。参加活动的学生可以从"四书五经"等书籍中选取诵读内容，可以是名言警句，可以是先秦散文，也可以是唐诗宋词元曲等名作。学生通过读诵吟赏，充分地体会中华民族数千年传承下来的文化底蕴。为了加强传统文化的传承，河北师范大学从两个角度作为出发点，一方面，保护地方非物质文化遗产；另一方面，提高学生的文化艺术修养，并成立"文化采风小分队"，学生利用暑假期间分别前往不同的具有传统文化传承的地区，学习民间艺术。通过不断的努力迎来了丰硕的果实，河北师范大学师生已经掌握了二十余种民间艺术形式，诸如井陉拉花、常山战鼓等等。

5. 东北师范大学传统文化课程设置

东北师范大学为使传统文化深入课堂，首先，开设了一系列选修课程，如国学概论；其次，为了保证传统文化教学质量，采用考试、考察、社会实践等多种考察方式；最后，以东北师范大学文学院为中心，开展经典阅读计划，并且取得了不错的反响。

6. 其他院校系列文化活动

许多高校为了促进思政教育方面、中华传统文化方面的融合，都积极开展了一系列活动。虽然取得了一定的成就，但就全体中国高校在两者融合的现状上来讲，仍受到诸多因素影响，融合度纯度不高。在未来，各大高校还需要对两方面的融合模式不断探索，在其结构层次上加之民族特点、时代精神，作用于思政教育体系，可以说这是教育者和相关理论工作者义不容辞的责任。

二、传统文化在高校学生思想教育中的缺失

中国传统文化历史悠久，博大精深，对于中华民族来说，它既是精神纽带，又是一种心理支撑和发展动力。但是目前传统文化教育的断层和缺失现象已经愈加明显。

在我国改革开放之后，文化多元化的冲击不可避免地带给学生们一些困惑与迷茫，一方面，部分学生出现了自我意识膨胀、价值取向偏移等方面的问题；另一方面，在高校学生群体中间，逐渐出现了忽视中国传统文化精神的现象。

（一）对传统文化认知程度不高

当前高校学生对传统文化认知的现状令人不甚满意。在高校学生群体之中，大部分人对古往今来的思想家及其学说知之甚少，即使在有所了解的学生之中，大部分人也只是简单地知道，多数缺乏深入研究。可以想象当前学生对传统文化知识的了解是多么的贫乏。当前各高校学生对传统文化的认知程度，虽然不可能存在认识一致的情况，但是从宏观的角度出发，在整体上认识不足是客观现状，这一点工科院校尤为明显。

改革开放以来，生产力和经济得到了迅速发展，在这种社会环境之下，实用主义和功利主义的影响日益凸显，并且逐渐流传开来。高校学生重视的是一些应用性强的知识，传统文化在他们看来无法直接体现经济价值。目前高校毕业的学生无论是在计算机、外语，还是在业务基础理论和能力方面，均具有相对较强的能力，但是社会及工作责任感方面却时常出现短板，用人单位将这种现象总结为"文化水平不低而素质却不高"。

（二）欠缺对传统文化的情感认同

在构建和谐社会的进程之中，制度完善与人际和谐占有非常重要的地位。传统文化的精髓，一方面来自中国人在制度和道德方面所形成的独特观念；另一方面，也来自漫长历史中的不断实践和总结。历史的传承浓缩于中国传统节日之中，如清明、端午等节日。

在当前，我国非常重视传统节日，许多传统节日已经列为法定节日，但是，针对这一政策，高校学生的态度并不能体现出他们对传统文化的重视。随着时代的发展，国际的交流愈加频繁，在文化方面就表现为西方节日受到了高校学生的追捧。

自西方文化流入我国以来，西方思想所秉承的"个性"思想，不断影响着我国最善于接受新事物的高校学生群体，使得传统文化中所蕴含的优秀思想逐渐被忽视。这种局面直接阻碍了传统文化的传承和发扬，也为高校思想教育带来了不利影响，使其对未来的发展方向模糊不清。

所以，作为培养人才的重要场所的高校，一方面要传授学生相应的理论知识，培养学生的实际应用能力；另一方面，还要重视高校学生在文化素养方面的教育，实现提高学生文化素养的目的。

(三）中华民族的传统美德体现不足

我国历来非常重视道德教育，在重视增加知识的同时，也教人成为有德行的人。但是，我国当前处于社会的转型期，再加上社会各界均受到多元文化的影响，不仅导致我国传承已久的传统文化权威下降，还模糊了社会价值判断标准，影响我国高校学生的价值观。

当前高校学生缺乏责任感这一话题的热度一直居高不下，相当一部分学生不关注社会上的不道德现象，没有身为社会一分子的意识。

作为历史遗产和财富，中华传统美德应当得到足够的重视，然而当前高校中频频出现与其违背的现象。许多学生在师道和孝道方面的表现尤为让人忧心，不仅缺乏集体主义精神，社会公德意识也十分淡薄，另外，心理素质也比较差。主要表现在三个方面：第一，高校学生在思想意识方面，只注重自我价值的实现，并且将之放在核心位置，忽视了社会、集体的价值；第二，在物质和精神关系方面，部分学生在机会和发展层面过于短视，局限于安稳的生活，追求较高的经济收入，将实用主义奉为人生信条，忽视了社会责任感，甚至还出现了极端个人主义的现象；第三，在索取与奉献关系方面，部分学生只强调索取，并且持有个人贡献与社会索取等价的观点。此外，还有部分学生存在急于求成、缺乏敬业意识、理想追求淡化的现象。

综上所述，高校学生存在的问题可以划分为四个方面，首先，重个人轻集体；其次，重实用轻理想；再次，重利益轻奉献；最后，重等价交换轻付出。在传统道德方面，主要表现为忽视"师"道和"孝"道：一方面，过分以自我为中心；另一方面，不懂得尊重师长、父母，并且还会与之产生冲突。

(四）获得传统文化知识的途径有限

为了实现加深学生对传统文化的了解的目的，很多高校开设了传统文化的选修课程。但是从学生的角度来讲，参与这些讲座的主要目的大多在于获得学分，为了兴趣而参与课程的学生并不多，所以课堂教育产生的效果有限。在信息化飞速发展的今天，学生要获取传统文化知识，所能采用的渠道还是非常丰富的，诸如课外阅读、电视媒体等。如《百家讲坛》，以其别具一格的讲授方式，受到了广大高校学生的欢迎。还有一些现代信息交流网站，通过制作一些有关传统文化的专题节目，也受到了学生们的青睐，对高校学生起到了一定的吸引作用。针对高校学生，在传统文化知识获取途径方面，高校应提起重视，并且要不断地进行拓宽和深入发掘，因为只将教育重心放在课堂，已经难以跟上时代的发展了。

三、相关领域在研究层面存在问题

（一）研究意识与创新性不足

目前，我国在古代思政教育史以及中国传统文化与社会主义核心价值体系融合等方面取得了一定的成就，但学术界对研究意识的重视程度仍存在明显的不足，且没有进行过专门的讨论，也未达成共识；大部分研究者注重对相关论文的分析，而常常忽略对研究成果的分析，这说明研究者在中国传统文化以及思政教育方面的研究缺乏持久性和深入性。另外，目前学术界在进行相关研究时，选题较为单一，存在内容重复的问题，多数研究侧重于简单的操作性层面问题，而忽视理论层面的思考；而且不少研究者视野狭隘，研究内容相对传统，仅从政治学和教育学的角度对中国传统文化中有关政治教育和思想教育的内容进行研究，很难突破思政教育内容理论框架的束缚。除此之外，学术界在对中国传统文化和思政教育进行研究时缺乏创新。

（二）研究广度与深度均有所欠缺

第一，目前的研究方向偏向于宏观性阐释，主要从中国传统文化的宏观角度出发，提炼对思政教育具有启示意义的教育资源，而且许多读者提炼的资源都较为相似。

第二，在对中国传统文化与思政教育之间存在的内在关系进行解读时，很多学者只是进行空泛的讲解，且在很大程度上存在选题空泛、内容以及观点类似的问题，缺乏将两者有机融合的系统阐述与深入研究。

第三，在研究中国传统文化与思政教育时，学者们大多以儒、释、道三种主流思想为主开展研究；在研究不同流派的传统文化与思政教育的融合状态时，也大多以各主要流派代表人物的相关思想为主要对象来挖掘相关的教育资源，而缺乏对其他流派的分析。

第四，中国传统文化中与思政教育相关的教育资源异常丰富，而且这些资源随着时代与社会的发展不断变化，那么如何对这些变化作出解释，是目前学术界应该深入研究的问题。

（三）相关学科与人才建设有待加强

只有在中国传统文化以及思政教育领域都具备一定学术功底的研究者，才能在这一研究方向上取得较好的成绩。但当前多数研究人员学科背景复杂、专业知识结构单一，即使是相关方面的研究者也无法满足上述要求。有些研究者侧重于思政教育理论，有些学者侧重于中国传统文化，但很少有兼具两方面学术背景的人。这就导致研究人员在进行中国传统文化与思政教育的研究时，只是浅显地泛泛而论，缺乏深度，这对他们学术研究的成果产生了一定程度的影响。

近年来，融合性的研究方向逐渐得到了重视，许多高校都开展了相关方向的教学研究，其中部分高校针对思政教育和传统文化融合的方向开展了更加深入的研究，并建立了相关方向的硕士以及博士研究生教育。尽管如此，这一研究方向的范围仍然较窄，在学术界的影响力仍旧较小。随着这一研究方向在学术界不断扩展，许多与之相关的硕士论文和博士论文相继出现，并不断有新的研究力量加入，还出现了一系列专著，但专著的数量仍然较少，学者发表的相关论文的级别仍旧较低。

（四）学科立场的辨识度不足

由于这一方向的研究涉及多门学科领域，因此，在进行研究时要借鉴多方领域的研究成果。目前，从中国传统文化与思政教育的研究情况来讲，虽然一些学者已经意识到了要在学科交叉中展现独特的理论发展体系，但具体如何展现，仍没有明确的答案。除此之外，学术界对如何界定"古代思政教育"的内涵与特质观点并不统一，这也对学科的辨识度产生了一定的影响。

在目前学术界的研究中，一种观点认为，可以通过西方政治教育来表示古代思政教育。中国古代的教育包括哲学教育、宗教教育、人伦道德教育、法制教育、人生价值教育以及政治教育，其中道德教育是中国古代教育的主要内容。由于政治教育只是思想教育中的一部分，所以可以使用思想教育来替代思政教育。今天我们所讲的思政教育，并不是将两者放在等同的位置上，而是强调思想教育的政治性。在古代，各流派的政治教育占据主导位置，道德教育则是各流派的核心内容。而且，古代思想教育是以"成德"和"成人"为目的的。但是，当代学者并未对古代政治教育与道德教育之间的关系进行研究，以及政治教育不等于思政教育核心的原因进行解释。实际上，对上述两问题的研究也存在各种不同的观点。

另一种观点认为，古代有关思想教育的著作大部分是以道德教育来解释"德育"内涵的。从广义内涵来讲，"德育"与"思政（道德）教育"存在相通之处，因此，"德育"能够体现思政教育的学科立场。广义上的德育包括政治教育、思想教育以及道德教育等。从狭义内涵上看，德育特指道德教育。

上述两种观点虽然对古代思政教育的特征进行了阐述，但其叙述方式仍是结论性的，且并未对依据进行深入阐述。因此，这一解释也具有一定的模糊性。如果在研究过程中，相关人员无法对这一问题进行深刻的解释，那么在构建理论体系时很可能出现生搬硬套或牵强附会的问题，如此会导致古代思政教育的研究落入误区。

（五）研究方法存在误区

1. 用当代思政教育理论肢解传统文化

这种情况下的研究者大多原本研究思政教育或马克思主义，缺乏对中国传统文化的深刻了解，在对中国传统文化进行阐释时，只能通过当代思政教育对中国传统文化进行直接的呈现，而无法体现中国传统文化的原本面目和精神气质，导致传统思政教育的逻辑体系缺乏自足性。但是，我们确实可以通过新学科去审视传统文化，这一方式能够促进传统文化理论的创新。当然，在通过新学科对传统文化进行创新时，必须尊重古人的思想。

2. 用逻辑推衍代替实证研究

目前，学术界主要通过逻辑推衍的方式进行中国传统文化与思政教育的研究；或者是在中央文件精神的指导下，将中国传统文化作为一种解释性资源加以研究；或者是在对传统文化文本的解读中找出能够借鉴的资源。但是，许多研究人员在进行研究时，往往不够关注公众对中国传统文化的了解和认同差异，以及不同社会群体对中国传统文化的需求差异，因此无法体现中国传统文化在实际生活中的应用价值，无法使其更好地为社会现实服务。

第二节　中国传统文化与高校思政教育的融合可行性

一、传统文化与高校思政教育的融合具有必然性

（一）探索思政教育新路径的必然选择

思政教育具有文化属性，需要以文化为依托。将中华传统文化与思想政治课程相融合，既能解决当前思想政治课程面临的问题，又能开发新的思政课程模式，提高思政课的实效性。随着全球化的推进，不同文化之间的互动和共存现象变得越来越普遍。与过去相比，大学生的观念、思维和行为方式发生了翻天覆地的变化，这也给高校的思想政治教育带来了极大的挑战。一方面，目前我国大部分高校的思政教育还是通过课堂教学来进行，教学内容单薄枯燥，授课模式单一，只注重社会学和心理学等专业知识的应用，而忽视对中国传统文化的探究和运用。即使是运用中国传统文化进行教育，也往往存在"机械融合"或"单纯说教"等问题，难以做到深入挖掘传统文化的内涵和历史背景。这一情况会对学生的民族自信心和自豪感产生负面影响，还会削弱中国传统文化在思想政治教育中的重要价值，最终影响思政教育的实效。

另一方面，随着全球化的深入，各种文化之间的交流日益频繁，大学生会不可避免地受到不同价值观的影响，而改变生活态度和思想观念。很多学生既没有真正了解外来文化、思想、观念之精髓，又没有深刻领会中国传统文化、思想、观念之精髓，加之对共产主义理想信仰的怀疑与不屑，在多元文化的碰撞中，他们的价值观极容易走向偏激。我国往往采用说教和灌输为主的思政教育模式，无法及时就这些问题给出行之有效的解决方法，而中国传统文化中的优秀精华也因大学生缺乏了解而无法在思政教育中发挥积极作用。

（二）马克思主义与传统文化发展的内在要求

将思政教育与传统文化融合在一起是一项很有必要的工作，因为思政教育以马克思主义为指导思想和核心内容，能与传统文化形成相互补充的关系，有机融合对二者的发展都有很大的促进作用。首先，马克思主义学说是世界性的。而在

马克思主义兴起之前，民族性是文化最主要的特点。尽管杰出的思想家如老子、孔子、康德、黑格尔对其所属的民族产生了深远的影响，但是由于历史环境和社会阶层的限制，他们的思想影响仍然局限在文化交流和传播方面。马克思主义对人类社会发展的一般规律进行了揭示，它是一种具有全球共产主义革命观念、超越国界和地域限制的思想体系。但是，马克思主义的世界性需要以各个具体的民族文化为基础才能得以实现。对目前的中国来说，要让马克思主义与中国实际相结合，必须使其适应中华民族的文化特点，让其蕴含必要的中国特色，融入深受中国人民喜爱的中国风格和气息。

其次，近现代以来，很多国家都需要面对一个共同的问题，即如何成功地完成从传统社会向现代社会的转型。本书所提到的传统文化，是指从周秦时期到"五四运动"期间，中华民族基于对自然和人类社会的深刻理解而形成的文化。传统文化是基于小农经济和封建文化体系形成的，缺乏现代化社会所需要的文化精神。但是，在20世纪初传入中国的马克思主义是基于高度工业化基础而建立起来的理论体系，本质上是具有现代性和后现代性的文化。因此，马克思主义和传统文化相结合可以实现二者的相辅相成和优势互补。传统文化之所以在现代化转型和自我完善的过程中得以繁荣和发扬光大，部分得益于与马克思主义的融合。

（三）形成和发挥文化软实力的基本保证

一个民族、国家或地区的文化影响力、凝聚力和感召力就是文化软实力，其在国家软实力的众多衡量要素中占据核心地位。对于一个国家而言，文化具有至关重要的意义。文化是一个国家的灵魂和标志，代表了一个民族对历史和现实的理解和感受，包含着最本质的精神追求和行为规范，同时也承载着整个民族的核心价值取向。对一个国家或民族内部的发展而言，文化软实力是一种精神上的凝聚力，对于形成民族性格、促进民族团结、强化国家统一、巩固政权以及增强文化自信有着积极作用。如果一个民族或国家缺乏文化自信，不注重本民族或本国传统文化的发展和建设，就相当于放弃了文化主权，导致本民族或本国人民的信仰混乱，文化精神消失，甚至可能导致民族分裂国家分崩离析。因此，我们需要加强对中国传统文化软实力的开发和建设，发挥其价值引导和思想教育作用，促进全国各族人民的和谐和共同发展。

中国传统文化是由代表着民族思维方式、价值观念以及伦理道德的文化要素组成的一个完整系统，它在人们的生活方式、风俗习惯以及心理特征中都能得到体现。这种文化系统是中华民族特有的，同时也是一种注重道德教化的伦理型文化，具有思政教育的功能。另外，中国传统文化积淀下来的优秀精华，也是中国思政教育的文化属性和民族属性的重要组成部分。思想教育和引导是实现中国传统文化软实力对外的亲和力、渗透力以及对内的凝聚力、塑造力的重要手段。将中国传统文化与思想政治教育相结合，是中国传统文化软实力形成和充分发挥的基本保障。

（四）"文化自觉"与"文化自信"的要求

中华民族的伟大复兴需要高度的文化自信和文化繁荣。"文化自信"是指对本国、本民族、本政党内在价值观和文化传统的强烈认同，以及对其文化生命力的不断肯定。"文化自觉"的含义是生活在一定文化中的人对其文化有自知之明，明白它的来历、形成过程、所具有的特色和它发展的趋向，不带任何文化回归的意思，不是要复旧，同时也不主张全盘西化或全盘他化。每个民族的传统文化都具有双面性，既有积极的价值，也有消极的局限。"文化自觉"的本质要求是以理性批判为基础、以合理继承为前提、以勇于创新为动力对传统文化进行继承和弘扬。换言之，一个民族是否能够客观地评价并认识自身传统文化，是决定该民族是否具备"文化自觉"的关键因素。中国传统文化是中国人民在漫长的五千年社会发展过程中创造并延续至今的独特文化，在世界上独树一帜。它不仅是中华民族对人类文明和历史作出杰出贡献的象征，也是中华民族独特的文化身份和基本族群特征的体现，这是与世界上其他民族进行区分的关键特征。只有透彻理解、体会、接纳并内化中国传统文化，我们才能真正认知中华民族的历史渊源，领悟自身根源，更好地规划我们的现在和未来。相反地，如果我们无法认同和理解中国传统文化，就会失去对自己民族文化身份的认同和归属感，从而在思想文化方面失去归属感。因此，评估、了解和科学地弘扬千年来代代相传的中国传统文化，对于中华民族实现"文化自觉"至关重要。如果我们轻率地否定或异化中国传统文化，那就等同于不顾自己文化血脉的重要性，导致中华民族文化的断层或文化根基不牢。因此，我们应该将马克思主义作为指导思想，致力于发掘中国传统文化的现代价值，坚定中国传统文化的自信心，同时积极吸收借鉴其他文化中的精华，并将其融入中国传统文化之中，促进中国传统文化的现代化转型和创新发展。这样，我们才能真正实现"文化自觉"和"文化自信"。

二、传统文化在高校思政教育中的应用可行性分析

（一）应用的依据

马克思的人类需求理论指出，人类有三个方面的需要：生存、享受和发展。其中，生存和享受是支撑人类生活的手段，而发展则是人类最根本的需要和生存目标。通过高校思政课程的教学过程，学生能够在德育和智育的双重作用下，提高道德和思想水平，提高思辨和判断能力，进而提升文化素养和综合素质。将中国传统哲学思想运用于教学中，可以显著提升学生的思维能力。透过传承的文化价值观念，可以有效地提升学生的全方位素养，满足他们多元化的成长需求。

在学习过程中，可以从接受和发现两方面进行内容理论的学习。同时，学习方式可以是被动机械的接受，也可以是主动积极的学习。思政课程不同于常规的公式定理课程，它注重的不仅仅是知识传授，更是学生对其中道理的领悟。因此，我们需要采用自然结合传统文化内容的教学方法，而不仅是单纯地灌输思政知识，这种方法可以提高学生的学习效果，确保思政教学过程的顺利开展，同时还能够使教学变得更有意义。

（二）应用的价值

自开始实施思政教学课程改革以来，许多传统文化都被巧妙地运用到课程中，显著提高了教学效果。但实际上，教学内容仍未完全地包含传统文化要素，例如儒家、道家、墨家等文化的融入。

为了更好地传承中国优秀的传统文化，大学生需要拥有出色的心理素质和高超的人文素养。然而，过去的教育教学普遍存在一个问题，就是学生缺乏真正的学习兴趣和内在动机，他们仅仅出于功利性的考量而学习，这种情况常常导致学生们表现出消极的学习态度。另外，当下依然存在着偏重理科而轻视文科的思想问题，这些情况都表明，我们需要有针对性地提高学生整体的人文素养水平。受

到网络文化和西方文化的影响，某些大学生产生了拜金主义和功利主义的思维倾向。因这些思想的影响，一些大学生常常将个人利益看得过分重要。在思政教育中，教师需要不断思考如何将传统优秀文化巧妙地融入其中，使其成为教育过程中不可或缺的一部分。

（三）应用的方向

1. 优质教学资源的提供

将忧患意识这一儒家文化的核心价值观融入爱国主义教学，不仅能够丰富教学资源，还能够提升教学质量。按照儒家文化的观点，忧患意识是维护国家生存和发展的重要因素之一，在国家治理方面必不可少。忧患意识不仅为人们提供了居安思危的理论基础，而且也为后续探讨爱国情操奠定了基础。忧患意识有助于培养学生关注国家大事的心态，增强学生对历史责任感和使命感的认识，使他们能够深入地运用儒家文化思想，来培养自身的思政素质。

2. 促进教育目标的实现

在儒家思想中，道德修养方面的重点在于"慎独"和"自省"，这两个概念非常重要。即使处于独自一人的情况下，有道德修养的人也会坚守自己的原则，自我要求严格，绝不做出不道德的行为。自省意味着不断反思自己的言行举止，寻找并肯定自己的善行，及时发现恶行并采取改正措施。人们必须通过持续的自省和慎独来逐步培养符合道德规范的良好品质，并将道德文化视为实践的一部分，以此形成道德文化的认同，并融入道德实践之中。在当前的大学思政教学中，我们需要引导学生正确地进行自我评价和发展，以确保其形成正确的价值观念。传统文化可以帮助青少年树立正确的人生观、价值观和世界观。民族发展的提升需要依赖共同的民族信仰和坚定的民族文化根基，还需要依靠人们的高度凝聚力和认同感。中国传统文化是一个延续数千年的优秀文化，其内在的凝聚力和精神动力来源于中华儿女的智慧和经验，包含了优秀的世界观、人生观和价值观，能够非常有效地促进大学生的思政教育工作，为思政工作的发展提供重要的推动力。

三、国家对传统文化融入高校思政教育的政策支持

马克思主义是高校思政教育指导思想，其构建的社会革命理论是从国家发展

层面出发而来的。就中国传统文化而言，马克思主义所呈现的是文化形态。在思想政治教育中，马克思主义与中国传统文化的结合也包含在马克思主义与中国实际相结合的框架之中。①将中国传统文化与马克思主义相结合，有助于丰富思政课的思想内涵，促进教学工作的不断优化，同时赋予其更深厚的文化特色。

自1956年起，党中央接连发布多项政策文件，旨在推广传统文化，重新引起广大民众的关注。这也说明了传统文化在思政理论课育人方面的重要性得到了党中央高度认可。

在1956年召开的中共八大会议上提出，我们需要继承、吸收和整合本土文化和国外先进文化成果，并运用现代技术进行创新，以推动新民族文化的发展，满足国家发展的需要。

1995年，根据中国教育法的规定，教育的目的是传承和弘扬中国优秀的历史文化传统，并对世界优秀文明成果进行吸收。

1995年，德育大纲提出，"了解中国的历史和国情，继承和发扬中华民族优秀文化传统和中国共产党领导下的革命斗争传统"。

1996年，德育工作大纲规定，高校必须推广中国传统文化，将其作为德育工作的一部分。②

在2007年召开的中共第十七次全国代表大会上提出了一个要求，即要求人们积极认识中国传统文化，并从中挖掘和发扬优秀的部分，淘汰和消除不好的元素。中国传统文化的发展必须符合社会发展趋势，与现代文明之间必须协调一致，同时也必须具有深厚的民族特色和时代气息。③

2010年，《国家中长期教育改革和发展规划纲要》提出："坚持德育为先。立德树人，把社会主义核心价值体系融入国民教育全过程。""加强中华民族优秀文化传统教育和革命传统教育。把德育渗透于教育教学的各个环节，贯穿于学校教育、家庭教育和社会教育的各个方面。"④

---

① 沈壮海.思政教育的文化视野[M].北京：人民出版社，2005：50-51.
② 中国普通高等学校德育大纲[J].中国高等教育，1996（02）：4-7.
③ 中国共产党第十七次全国代表大会[J].世纪风采，2022（10）：2.
④ 国家中长期教育改革和发展规划纲要[J].实验室研究与探索，2019，38（09）：4.

2012年召开了中共十八大会议，在此次会议中提出："让人民享有健康丰富的精神文化生活，是全面建成小康社会的重要内容。""建设优秀传统文化传承体系，弘扬中华优秀传统文化。"①

2013年，十八届三中全会中对高校教育提出要求："深化教育领域综合改革。全面贯彻党的教育方针，坚持立德树人，加强社会主义核心价值体系教育，完善中华优秀传统文化教育，形成爱学习、爱劳动、爱祖国活动的有效形式和长效机制，增强学生社会责任感、创新精神、实践能力。"②

2014年，教育部指出："促进思政教育与中华优秀传统文化教育的紧密结合，以爱国主义教育为核心，深入挖掘中华优秀传统文化中蕴含的丰富思政教育资源，进一步丰富中小学德育课和高校思政理论课的教学内容，创新教学方法和手段，提升教学效果。"③

2019年，习近平指出，中国传统文化以及在革命、建设和改革过程中形成的革命文化和社会主义先进文化，是中华民族在发展过程中涌现出来的丰富而有内涵的资源，为思政课的建设提供了强大支撑。④

2022年党的二十大报告指出，要"传承中华优秀传统文化""推进大中小学思想政治教育一体化建设"。⑤

可以说，近年来，党和国家高度重视传统文化的教育与传承工作，强调传统文化的珍贵价值，并利用其来有力促进思想政治教育工作的开展。传统文化中包含着丰富的内容，如修身、格物、正心等，这些都可以运用到教学中，对学生进行思想道德方面的全面教育。因此，可以得出结论：增强传统文化教育能够在提高学生素养和实施强化教育方面发挥关键作用。

---

① 中国共产党第十八次全国代表大会[J].世纪风采，2022（10）：49.
② 《中共中央关于全面深化改革若干重大问题的决定》解读[J].四川档案，2013（06）：4-5.
③ 完善中华优秀传统文化教育指导纲要[J].中小学德育，2014（04）：4-7+41.
④ 徐福康.国家立场·学生立场·学科立场——学习贯彻习近平总书记在学校思政理论课教师座谈会上的讲话精神[J].教学月刊·中学版（政治教学），2019（Z2）：42-44.
⑤ 党的二十大报告速览[J].中国机关后勤，2022（11）：42-43.

第三节 中国传统文化与高校思政教育的融合意义

一、满足社会主义建设对传统哲学思想的需求

在世界四大古文明中，仅中国文明能够延续至今而未中断，其间中国文明虽然经历数次异族入侵，但事实上最终都以异族心悦诚服接受汉化为结果，不仅如此，在数千年的中外交流史上，中华文明历来都是独领风骚，为世人所瞩目。从明清时期的西学东渐开始，西方文化逐渐融入中国人的文化生活，但几百年的融合并不能抹去或者淡化东西方迥异的文化差别，即使在高度现代化、西方化的香港，仍然能看到无处不在的儒家文化，说明在现代生活中，传统文化仍然能够与时俱进，发挥重要的作用，现实不能也无法与传统割裂开来。

在当前形势下，尤其是在繁荣社会主义文化事业、办好有中国特色的社会主义教育和建设好社会主义精神文明等方面，儒家思想以其博大精深的内容和与时俱进的特质，同样显现出引人注目的时代价值。儒家注重和谐，不仅注重人与自然的和谐，更倡导在人际交往中践行宽厚、谦让的品德，儒家的最高理想表现为实现天下大同，这是最高层面的和谐，对于我们构建中国特色的社会主义和谐社会有着不可估量的作用。习近平总书记在山东省曲阜市进行调研考察时，还特意前往孔子研究院，在翻阅了两本儒家书籍后表示，要将两本书带回去仔细读。可以看出，儒家思想的时代价值越来越被我们党和整个社会所重视，这也是儒家文化的强大生命力和与时俱进的精神品格的体现。在构建社会主义和谐社会的实践中，我们应注意到儒家思想的"仁爱""民本"等理论具有重要的借鉴意义和不可忽视的现实价值。此外，儒家思想具有浓厚的"家国天下"情怀，正是因为儒家思想强调个人对国家存亡、天下兴衰应该负有责任感，因此历朝历代，每当在国家生死飘摇之际，都有大量可歌可泣的英雄人物涌现出来，这些事迹都可作为当代爱国主义教育的素材。儒家注重道德修养，从孟子提出的"仁、义、礼、智"德之四端到董仲舒在此基础上提出的"仁、义、礼、智、信"的五常，再到后来的"八德"，都是儒家坚守并践行的道德信条。道德还有相当的额外作用，正如孔夫子所说的："道之以政，齐之以刑，民免而无耻；道之以德，齐之以礼，

有耻且格。"① 这体现出的治国思想正是我们贯彻落实"以德治国"理念的理论依据。

二、传统文化有利于高校思政教育发展

高校思政政治课由于内容偏重于理论式说教和"高、大、全"式的榜样塑造，导致在课堂授课时只有教师一个人略显空洞乏味的讲授，而没有形成与学生的良性互动，既远离了高校学生的实际生活，也没有能很好地结合、利用传统文化。传统文化对于高校的思政教育课程有着非常重要的价值，并不单纯体现在历朝历代的知名儒士的千古佳话上，而是能够为高校思政教育提供丰富的教学素材，更重要的是，儒家思想中包含着丰富的德育思想以及成熟的教育体系和理念，能够为高校思政教育的主客体双方提供借鉴和参考。儒家思想包含的丰富的道德教育思想，既涵盖了尊老爱幼、长幼有序的家庭道德教育，也有以仁爱为核心、注重礼仪的人际交往准则，并且将人的道德修养上升到契合天地自然的高度，为了达到"天人合一"，实现"圣人气象"的最高理想，儒家探索出了一系列修身养性的方法，这些方法都能够补充高校思政教育的教学内容，帮助建立具有中国民族特色的完备的高校思想道德教育。

（一）有助于落实爱国主义教育

爱国主义精神是中华民族在历史发展中最宝贵的精神财富，正是它维护了中华文明数千年辉煌而不中断。中华人民共和国成立后，爱国主义传统被很好传承下来，无论是爱国主义精神内涵还是爱国主义教育，都得到了极大的丰富和发展。当今社会，虽然说和平与发展是时代主题，但我们绝不能松懈爱国主义教育，加强爱国主义教育就是稳固社会主义事业。在当前形势下，要办好有中国特色的社会主义爱国主义教育，不仅要加强社会主义红色文化教育，还应当注意到以儒家思想为代表的传统文化中包含的一脉相传的爱国主义精神，要在思政教育中充分发掘这些传统的、具有独特民族色彩的内容。

儒家注重爱国主义的教育，从孔子的儒家学说开始，"忠君爱国"就一直是儒家政治思想的重要内容，经过历代大儒的发展和倡导，入世进取、兼济天下的

---
① 孔健编著.孔子全集·上[M].北京：东方出版社，2011：5.

思想成为读书人毕生的追求。为主尽忠是儒家认可的最主要的一种爱国主义精神。尽管儒家"忠君爱国"思想中有一味强调君主至上的封建主义因素，但我们仍能辩证地从中得到许多有益的借鉴。

需要注意的是，社会主义的爱国主义和儒家宣扬的爱国主义是有区别的，在爱国主义教育实践中，应对儒家爱国主义思想采用批判继承的态度，摒弃其中诸如"愚忠"的封建思想因素，而对于其中的有益成分则要加以继承并发扬。思政教育是加强爱国主义教育的主阵地，高校思政教育始终将培养和提高学生的爱国主义情怀作为一项重要的教学目标，因为爱国主义有助于提高民族自尊心和自信心，有助于增强民族向心力与凝聚力，同时也是我们建设具有中国特色的社会主义事业的精神动力和保障。高校学生是国家的栋梁、社会主义事业的接班人和开拓者，爱国主义素养能够帮助他们树立起崇高的人生理想，在实现其远大抱负的过程中不断勉励并激发他们的进取心，塑造其正确的人生观、世界观和价值观。高校学生应该自觉提升爱国主义素养，以先辈们如经天日月般的爱国壮举陶冶自己，践行为中华之崛起而读书的爱国理想。

（二）有助于深化高校思政德育

高校思政教育最重要的教学目标是为社会主义事业培养人才，帮助他们实现全面而自由的发展。这里所说的全面发展，是指人的道德水平、智力水平以及身体素质等多方面的全面发展，其中，道德水平的高低是决定一个人在社会生活实践中如何取舍的关键，因为一个人无论智力水平如何，能力如何，如果没有良好的道德修养，就不会自觉承担自身的社会责任，也不会把为人民服务作为自己的行为准则，甚至会走上危害人民的道路。因此，在思政教育的实践中，应当加深对道德教育的认识，把培养学生高尚的道德修养作为重要的教学目标，通过各种有益手段来帮助他们最终成长为德才兼备的人。儒家道德修养教育在高校思政道德教育实践中有着独特的价值。

儒家重视个人的品德修养和人格操守，以"内圣外王"的"圣人气象"作为毕生的学习榜样，他们认为人独有的道德操守是"人禽有别"的根本原因，孔子将一个人的理想生活状态归纳为"志于道，据于德，依于仁，游于艺"[1]，并把良

---

[1] 孔健编著.孔子全集·上[M].北京：东方出版社，2011：25.

好的道德情操视为生活的基础，人的一切活动都应该以"德"为依据。但是高尚的道德修养并不是一朝一夕就能够养成的，它必须通过后天的教育和自身不断的努力来实现，最终达到"止于至善"的最高境界。因此，在儒家教育思想中，道德教育被作为最为重要的内容之一。孔子提出了"弟子入则孝，出则悌，谨而信，泛爱众，而亲仁，行有余力，则以学文"的道德教育主张，[①]并且应用在自身的教学实践中，所培养的孔门三千弟子中有许多人成为名动一时的大儒而且青史留名，儒家学说也因此成为当时的显学。孟子继承了孔子的德育思想，提出了"性善论"，指出人被后天环境遮蔽的善的本性，能够通过道德教育再次得以唤醒，"恻隐之心""羞恶之心""辞让之心"和"是非之心"的回归能使人具有"仁、义、礼、智"四种美德。孟子重视环境对人的影响，主张"设庠序学校以教之"，学校不仅仅被视为学习文化知识的场所，更被作为"明人伦"、提升道德修养的地方。这些思想体现了儒家一贯的重视道德修养的主张。南宋的理学大师朱熹同样重视道德教育，他在《近思录》中谈到"先王之学，以明人伦为本"，他所说的"明人伦"，指的是"父子有亲，君臣有义，夫妇有别，长幼有序，朋友有信"[②]的伦理道德，在这五种关系的基础上，他又进一步提出所谓的"八条目"，即"格物、致知、诚意、正心、修身、齐家、治国、平天下"[③]，明确指出个人需要通过不断的修养才能提升自身的道德品质。在生活实践中，朱熹践行儒家倡导的"知行合一"理念，"修德是本，为要修德，故去讲学"[④]，儒家的集大成者，都需要在生活实践中不断地"修德"，这对后世的我们有极大的启发。

儒家观点认为，个人道德修养的提升比知识素养的增加更为重要。在当今社会道德滑坡、物欲横流的现状下，高校思政教育应该借鉴儒家思想对于道德品质及人格理想的不懈追求，深刻挖掘儒家思想中的德育思想和道德修养方法，但同时也应该注意甄别儒家伦理道德观念中所包含的封建主义糟粕。在具体的教学实践中，将现代与传统融合起来，陶冶学生的道德情操，提升他们的道德品味和人格力量，增强他们对于庸俗道德观念的免疫能力。

---

① 孔子. 论语[M]. 北京：华夏出版社，2017：4.
② 孟子. 孟子[M]. 北京：中信出版社，2013：126.
③ 大学中庸全集[M]. 苏州：古吴轩出版社，2013：17.
④ 郭齐，尹波编注. 朱熹文集编年评注[M]. 福州：福建人民出版社，2019：97.

（三）对高校思政教育具有指导意义

在当前形势下，高校思政教育在具体的教学过程中，存在教学方法较为单一、不注重解决学生差异性、教学内容有时脱离学生的实际生活等问题，虽然近几年各高校一直都在积极地进行创新和深入改革，但事实上，在具体的教学实践中，一些举措并没能取得预期的效果。针对这些问题，我们不妨从儒家教学思想中来寻找答案。《论语》中记载了一段关于孔子教育他的儿子孔鲤的故事：孔子问孔鲤有没有学习《诗经》《礼仪》，并告诫他如果不学习《诗经》就无法和人沟通，如果不学习《礼仪》就无法立身，于是孔鲤退而努力学习。这个故事反映了儒家学派对于教育的一贯重视，儒家的祖师孔夫子同时也是古代私学的首创者，从孔子在山东曲阜的杏林聚徒开坛起，数千年来，历朝历代的大儒既是继往开来的大学问家，也是著书立说、开宗立派的大教育家。儒家在几千年的育人实践中，不断深化和发展教学思想，逐步形成了内涵丰富的教学体系，其中的一些教学思想至今仍令人受用。

首先，儒家注意到个体具有差异的现状，针对不同的个体来"因材施教"，强调教师在教学实践中，应该针对学生具体的理解能力和智力水平进行有差别、有针对性的教育，不能盲目拔高，一锅乱炖。孔子还非常关注每个学生各自的特长和爱好，针对这一点，他认为应该培养学生不同的技能和专长，使每个人都能成才。教育是针对人实施的，教师应该对自己的学生有一定的了解。基于学生们迥异的性格特点，孔子也耐心地分别采取不同的教育方法。世界上没有两片完全相同的树叶，儒家的"因材施教"教育理念能确保每个个体都接受最适宜自身发展的教育。南宋的大教育家朱熹再次肯定了儒家"因材施教"的教学方法，他说："圣贤施教，各因其教材，小以成小，大以成大，无弃人也。"[①]现在的高校思政教育大多以大课堂、公选课的手段来开展，在有限的课时内，面对数量众多、不同专业的学生，很难做到面面俱到，但教师仍然可以针对不同的专业，不同的年级细分学生，针对他们的共性，在教学实践中做到有的放矢。

其次，儒家重视在教学中多采用启发式的教育方法。孔子不赞成死读书的学习方法，他强调学习过程中思考的重要性，而思考的目的就是达到举一反三的效果，在这个过程中，教师作为一个启发者而不是单纯的传授者，应让学生主动地

---

① 郭齐，尹波编注．朱熹文集编年评注[M]．福州：福建人民出版社，2019：34．

去学习，而不是被动地接受。孔子讲"不愤不启，不悱不发，举一隅不以三隅反，则不复也""告诸往而知来者"①，就是告诫学生应该在学习过程中要勤思考，善于发散思维，做到"闻一以知十"。朱熹同样不主张对学生采取灌输的教学方法，他说："君子教人，但授以学之之法，而不告以得之之妙。"②认为教师应该是"授之以渔"而不是"授之以鱼"，在教学实践中不能总是一味采用灌输的方法，始终牵着学生的思维而不注重启发自主学习，学生应该自主掌握知识，而不能总是依赖于教师。灌输式的教育方法仍然是当今各个学校的主要教学手段，由于学生们在升入高校前长期接受灌输式的教学方法，因此已经习惯于被动的获取知识，自身的求知欲和创新能力大打折扣。高校思政教育的课程内容比较抽象，涉及的纯理论性知识点很多，在实际教学中如果不注重采纳启发诱导式的教学方法，很容易让学生感到空洞乏味而丧失学习兴趣，因此，高校思政教育在教学中应该着重借鉴儒家的启发式教学方法。

再次，儒家提倡教学主客体之间要实现"教学相长"，认为在教学活动中，教师固然起着主导作用，但事实上如果学生和教师之间能够形成良好的互动，对于实现教学目标，活跃课堂气氛乃至对整个教学活动都有着毋庸置疑的积极作用。孔子曾说过"启予者商也"，认为自己在教学实践中，自己与学生之间的讨论不仅推动了整个教学活动，而且对他自己来说也是裨益良多。思政教育课程在授课过程中大多偏重于采用说理式的教学方法，缺乏教学主客体之间的互动，这对教学目标的实现是不利的。在教学实践中，可以多借鉴儒家提倡的"教学相长"思想，围绕更好地实现教学目标，将本门课程中存在的各个教学难点、重点先辨析再论述，多鼓励头脑风暴式的教学尝试，形成良性的课堂互动，增加课堂趣味性和学生参与意识。物质的交换并不能带来量的积累，思想的交流却能带来质的飞跃，采用教学相长的教学互动可以达到双赢甚至多赢的预期，一方面，课程的教学目标能够圆满地实现；另一方面，学生的思政水平也获得了提升；同时，授课教师也能获得新的认识，得到全新的发展。

最后，儒家强调在生活中践行"知行合一"。儒家注重道德修养，不仅体现在对于他人的说教，更在于他们坚决做到身体力行。孔子曾告诫弟子说："先行其

---

① 孔健编著.孔子全集·上[M].北京：东方出版社，2011：25.
② 姜国柱.中国思想通史宋元卷[M].武汉：武汉大学出版社，2011：291.

言而后从之""古言者之不出,耻躬之不逮也"[1],在做人处事上,孔子严于律己、以身作则,用实际行动来教育自己的弟子和世人,正所谓"身正"才能"修身""正人"。在思政教育中,同样存在这样的问题,如果施教者本身不具备高尚的道德修养,只是一味教育他人,而自己却不能言行一致的话,不仅无法得到学生们的信任,而且不可能培养出优秀的人才。儒家所倡导的"知行合一"的理念符合我们党一贯的"实事求是"思想,这也是思政教育的授课内容,榜样的作用在教育中具有最直接的力量。因此,教师应该在不断提升自我修养的前提下,用自我的身体力行来对学生进行实事求是的教育,事实胜于雄辩,要让他们直接感受到并主动参与教学实践,把枯燥的理论转换为现实生活中的实际行动,才能真正实现思政教育的最高目标。

儒家思想中的教学方法和理念还有提倡分阶段性的渐进式教育和注重教育的连贯性,重视榜样培养及"善""良知"的引导等思想,对于思政教育有着独特的价值和借鉴意义。近些年来,从我国教育主管部门到高校负责人再到教育部门各个参与者,都对当前的教学状况进行了深刻的思考,并进行了卓有成效的改革和创新。高校思政教育在培养每一个德智体美全面发展的人才过程中发挥着最基础最关键的作用,虽然近些年的课程改革和创新取得了相当的教学成果,但仍然需要不断发掘和探索能够支撑并推进思政教育继续发展进步的动力。儒家思想经过千年的传承与发展,具有显著的民族特色、深刻的思想水平,并且本身也是一种具有极强的教育意义的典范,这些对于弥补当前高校思政教育实践中存在的不足有非常关键的实际意义。

第四节　中国传统文化与高校思政教育的融合途径

一、树立全员育人的意识

教育的核心是育人,而育人的核心又是德育,也就是说教育的根本任务是立德树人。德育的内容包含多个方面,例如培养大学生的健全人格、提高大学生的

---

[1] 孔健编著. 孔子全集·上 [M]. 北京:东方出版社,2011:6.

道德素养、树立正确的价值观等。将中国传统文化融入高校思政教育并不是一个简单的工作，而是一项系统的工程，需要多方人员齐抓共管，只有树立"全员育人"的观念，才能使传统文化通过各种途径和渠道融入高校思政教育。

这里所说的"育人"，不单单是传授知识，也包含启迪思想、养成道德、传承文化等方面的内容。而"全员育人"，从字面上理解，说的是育人主体要有全员性。"全员育人"分为狭义和广义的层面，狭义的层面仅指学校内部所有人员参与的育人观念，包括学校内的教职工、学生等，这种"全员性"包括管理育人、思想育人、文化育人、教书育人、服务育人等多个方面。这些方面的展开，需要学校所有人员的共同努力。而从广义上来讲，"全员育人"则从学校外延到了家庭、社会以及学生自己等层面，形成了一个更大的育人体系，进而全方位地将中国优秀传统文化与高校思政教育融合起来。

二、注重传统文化的现代价值转换

中国传统文化源远流长，在几千年的历史中，对于文化的传承和发展发挥了重要的作用。这些丰富的文化资源，都是我们当代思政教育不可缺少的内容。随着近几年来国家对传统文化的重视，传统文化的继承取得了很好的成果，文化资源的转换利用也为高校思政教育带来了新的活力和促进作用，并且取得了实效。但与此同时，大学生及高校思政教师中也存在一些不懂甄别、整合、重铸和创新的情况，因此我们要赋予中国优秀传统文化以新的时代特征，重视中国传统文化的现代价值转换。

（一）要有世界历史的眼光

所谓世界历史的眼光，是指我们在看待传统文化时眼界要开阔，不应只注重其中的某一个方面，或是只看到中国的方面，要站在一个更高的层次和角度上，除了了解中国的历史和文化，我们也应该关注世界各地的历史和文化。不然，我们是不可能理性地看待中国传统文化的，也不能理性地分析传统文化在现在社会中需要发挥一个怎样的作用。

用世界历史的眼光来看待传统文化，我们就会发现这个世界从18世纪以来发生了巨大的改变。18世纪中叶，英国迎来了工业革命的爆发，机器化生产逐步兴起，逐渐替代了手工劳动，家庭作坊和手工工场则被工业生产所取代。这场变革使社会生产力产生了巨大的飞跃。英国工业革命给全球经济的发展带来了广泛而深刻的影响。英国领先的科学技术快速传播至欧洲、北美和其他国家，极大地促进了这些国家的工业革命进程。此外，奥地利、俄国等国家的社会革命的进程也在这种新的生产方式的推动下不断加快，欧洲范围内的封建主义体系也受到了该生产方式的影响，崩溃进程不断加速。也正是在这个工业革命的带动下，整个世界形成了一个整体，现在，整个世界则形成了地球村的全球化时代。

所以，如果我们以世界历史的眼光来审视历史的话就能够看到，世界历史的发展并不以某些人的意志为转移，而是由内在的原因触发的，技术的变革、商业资本的发展都会带来世界性的变革。而转过来看中国，在近现代以来，我们就能发现中国的变革，或者说现代化，很大程度上是由外来技术或变革掀起的，具有被动性。这就决定了中国传统文化在这个过程中会有不适应的情况，但中国传统文化有着强烈的自我革新能力，能够在不断地取精去糟的过程中丰富内涵、传承发展。中国传统文化不仅是中华民族的精神财富，也是世界文明的宝贵财富。知道了这些，我们就能理解近代以来中西之争的根源。世界的发展会影响中国，也会影响人们的选择。而实际上，这些中西之争都忽略了一个事实，中国不是要完全摒弃传统，也不是要完全保留传统，而是应该站在世界发展的角度，把传统和新的外来技术、变革结合起来，通过传统的调适和价值转换，参与变革，以此化解传统和现代间的紧张关系，实现中国传统文化的古今之变。

（二）选择继承优秀传统

世界上所有的民族在现代化的进程中都不会完全照搬外来的文化，它必须根据自己固有的文化体系作出调适，中国文化也是一样。但是在中国文化适应现代化的过程中，我们也需要明确：应该继承什么样的传统。中国传统文化内容极为丰富，要从这些浩若烟海的文化体系中甄别出哪些是适合现代社会的、适应当下社会价值体系的、可以存续发展的。历史上也有过多次对传统文化的反思和批判，我们能够从中找到继承传统的基本脉络。

因此，在传统文化的传承中，有两个方向是值得我们特别加以重视的。其中一个是儒学内部思想的流动，中国历史上，儒学一直以主流思想的形式存在，在各代的儒学大家对其进行传承的基础上，它也随着时代的发展，演变出了新的话语形态，所以儒学体系是一个极具生命力的开放性体系，在历史发展过程中不断地吐故纳新、自我完善；另外一个是要重视社会范围内的批判思潮，这些批判思潮绝非由来无因，我们要研究它们产生的具体背景和引发的结果，例如道家的冲击、法家的批判等，其他一些非正统的学术思想，如是有益的，也应汲取，并进行现代价值的转换。

如果我们抛开那些正统的思想和理论，就会发现，尽管儒学占据主流，但差不多每个朝代都有人抨击时弊、批评现状，这正是因为批判者发现了儒学中一些不符合当时社会发展的情况，并希望加以改变，其中必然有很多合理的部分。所以我们在研究传统文化时，不应只将着眼点放在正统的思想和理论上，也应看到其他一些有益的成分，同时也应看到社会在变革过程中的传统文化自查自纠的力量。

虽然在历史上，不同的时期在批判思潮中都有各自的侧重点，但其中有些思想主线是一样的。在几千年的人类历史发展过程中，世界上很多的国家和民族都消失了，很多文化和语言也消失了，但是我们中国传统文化却依然屹立不倒，经受住了各类严苛的时间考验，承受住了各类压力打击，体现了独特的强大生命力。从这里我们就可以看出，中国古代出现的批判思潮，其初衷都是解决出现的社会矛盾，是对社会痼疾的把脉，本质在于推动社会前进。从这个意义上来讲，研究这些批判思潮也是非常有价值的，在今天，这些批判思想也是需要我们继承的一个传统。

（三）寻找传统文化的生长点

当然，每一个具有悠久历史和文化的国家，在现代化的过程中都会保留特色，也就是保留"身份认同"。在现代化的过程中，传统文化发挥出来的作用，在于它能在多大程度上和现代化结合，并在结合的过程中满足现代化的需要。传统文化相当于一个国家的底色，它发挥的作用取决于现代化对它的调动程度。也就是说，传统文化是要经过选择和再创造的，不能脱离现代化的范畴。

传统文化是具有现代价值和意义的。在保护民众特别是弱势群体的利益时，儒家的民本思想就会发挥作用；作为一个自觉维护群体权益的现代公民，应该借鉴孟子"舍我其谁"的担当精神；道家的清静无为、尚俭理念，可以用来遏制弥漫于世的腐败之风；还要提倡墨家的科学精神、法家的法治精神、名家注重名实之辨的分析方法，使得传统文化在现代化过程中发挥正面作用，真正成为经济和社会发展的文化助力。

基于上述，如果我们的传统文化在现代生活中能提供这样的资源，就是与现代需求成功结合了，重新焕发出的生命力，可说是儒家的民本、明公私之分、推己及人、内外兼修、知行合一等，都是具有现代价值和意义的精神财富，能够为现代化建设提供哲学和思想理念上的支撑。因此，现代人需要结合现实需求，深入挖掘传统文化的意义，提升传统文化的现代价值。

三、正确引导大学生学习传统文化

在中国传统文化与高校思政教育融合的基础上，高校的思政教育工作者应该加强对大学生学习传统文化的正确引导，让大学生树立科学的文化观念；同时要发挥中国传统文化在高校思政教育中的重要作用，达到引导大学生主动自觉学习中国传统文化的目的。

（一）培养大学生的文化自信

大学生作为未来国家建设和发展的中坚力量，承托着国家和民族的希望。在人生旅途中，大学时期是一个人思维最活跃、受教育影响最深刻的时代。因此，高校在思政教育中，就要着力用传统文化来影响大学生，培养他们高度的文化自信，增强他们的民族自豪感。作为社会中的高知识群体，大学生的文化自信如何，对中国传统文化的接受和理解如何，很大程度上影响着整个社会对国家和民族的自尊心和自豪感，影响着社会大众对中国传统文化的关注情况。以前，我国推行应试教育和功利性学习，忽视了传统文化的重要性。但现在，我们需要重拾中国传统文化，为中华民族文化复兴打好基础。现在，全球化的浪潮使大学生更容易受到各种思潮的影响，因此中国传统文化与高校思政教育的融合工作不能有丝毫的松懈，要防止世界上其他强势文化对大学生意识构成冲击和占领，提高大学生对于中国民族和文化的认同感，使其正确鉴别中国传统文化与外来文化的优劣，意识到中国传统文化和民族精神的本质不能变，做到不夜郎自大、故步自封；也不妄自菲薄、盲目仿效。总之，"文化自信"是国家和民族对于大学生的一个要求，大学生有理由走在社会大众的前面。

1. 引导和鼓励大学生学习优秀的传统文化

在将中国传统文化融入高校思政教育的过程中，各个高校应该根据自己的特点，挖掘中国传统文化中优秀的资源和宝贵的精神财富，并且在实践过程中予以创造性的转化，尤其是中国传统文化中的仁爱、诚信、正义、爱国等思想，千百年来都有着重要的价值，在未来仍会产生重要的价值。在教育的过程中，也要引导大学生在实际的生活和学习中去践行这些理念，做到中国优秀传统文化精神与现代社会的契合发展。同时，马克思主义已经被证明是中国社会发展最有力的保障，因此，大学生要在马克思主义的指引下，树立自己的价值观、人生观和世界观，坚定地信仰马克思主义，并且将马克思主义与中国传统文化的优秀思想结合起来，创新性地发展。

在这个过程中，高校要做的工作有很多。例如要努力营造中国传统文化的氛围，提供更好的传播中国传统文化和马克思主义的平台。在互联网大发展的前提下，可以多设计一些微课堂，通过快速便捷、短小精悍的形式把学生的注意力吸引过来，加深他们对于传统文化知识的学习和体悟。高校也可以组织一些有意义的传统文化活动，例如聘请知名传统文化专家来校举办讲座，如孔子学堂、孝文化讲座、家风讲座、茶文化讲座，在各种纪念日中进行纪念活动，让大学生形成强烈的爱国主义思想、服务大众思想、为国奉献的责任感和使命感。现在，我们国家和政府加强了对于传统节庆的保护，许多重大的传统节日都有假期安排，另外一些节日也会组织相应的活动。高等学校也应在传统节日中设计一些与之相关的文化教育活动，让学生充分认识节日背后的文化内涵，亲身体验得来的认识比被动认识过程的效果要好得多，能让更多人深入了解中华优秀传统文化，增强大学生对传统文化的自信。

2. 培养大学生"明辨"的能力

"明辨"对于大学生来讲极其重要，直接关系到一个人思想境界的高低。大学生在生活和学习中，都要善于思考和分析，并在此基础上作出选择，处事做人要稳重、踏实、谦虚又自信，要有坚持不懈的意志和品格。当前，我国大学生的文化自信还有待加强，有必要锻炼明辨能力，如果没有优秀的明辨能力，大学生就不会意识到中国传统文化的重要性，反而不加甄别地吸收崇拜外来的文化。

要培养大学生明辨的能力，学校首先要改革传统"满堂灌"的教学方法，老师应该组织学生自我学习、相互讨论，要更多地采用讨论式和启发式的教学方法。真理是辩出来的，不是死记硬背地"学"出来的。其次，学校要高度重视"论辩"氛围的建设，给大学生创造充分的"论辩"环境。例如，可以组织各种和"论辩"相关的比赛，也可以在线上开展一些相关的辩论，班级或专业也可以定期举行一些讨论交流活动，通过各种途径让大学生积极参与。在这样的"论辩"氛围中，大学生的观点能与别人产生碰撞，思维会得到极大程度的开拓，辨析是非的能力也就会得到提升。

（二）将传统文化教育纳入高校思政教育理论课体系

将传统文化教育纳入高校思政教育理论课体系，高校思政教育工作者是最主要的力量。工作者本身就应该有高度的文化自觉和文化自信，要大力推进二者的融合。在新的形势和时代要求下，高校思政教育工作者要付出更多努力，确保传授给大学生的中国传统文化知识符合当前社会的发展要求，真正做到古为今用，使中国传统文化中优秀的资源和宝贵的财富被大学生吸收和利用。

1. 改进高校思政的课程体系

中国传统文化已经成为高校思政教育的重要内容之一，因此，中国传统文化的内容应该系统地体现在思政理论课程的设置中。然而，从我国高校思政教育的课程设置现状来看，目前我国的思政理论包含必修课和选修课，但是并没有相应的中国传统文化必修课程。在各校安排的选修课中，中国传统文化的课程非常有限，多见于中国语言文学、外国语言文学专业，而理科、工科的专业最多有大学语文课程，中国传统文化的课程基本上没有纳入专业课程和人才培养方案之内。可见，虽然中国传统文化与思政教育是我国思政教育学科的重要方向之一，但其相关内容并没有系统地体现在课程设置中，课程设置落后于学科方向的建设。客观来看，中国传统文化作为通识教育内容，以及中国公民应了解的基本文化素质内容，没有在高等教育教学和国民素质提升工程中严谨落地落实。因此，在高校思政教育中，除了原来的课程，还应增加相应的中国传统文化必修课程，并将其作为高校思政教育的必要补充。

2. 在教材中增加中国传统文化内容

现在我国很多高校的思政教育教材还没有专门的中国传统文化内容列入其中，更多的是政治理论知识的阐释和讲解，这是不利于传统文化与高校思政教育相融合的。虽然高校思政教育理论课教材的概论和纲要性决定了它不可能大量包含中国传统文化相关的内容，但教师在教学过程中应该根据学生的专业背景、文化素质背景和相应的切入点，将一些中国传统文化的内容作为素材添加到教学中。这样的教学才会更加有血有肉和丰富多彩，学生也易于接受。在课程内容设计上，需要更加注重思想政治教育和中华传统文化的整合和协调。一方面，中华民族优秀传统文化为马克思主义中国化奠定了基础，马克思主义只有与中华优秀传统文化相结合，才能实现中国化进程，符合民族发展的需要，才会具有更强的生命力和传承性；另一方面，中国化的马克思主义其内核中蕴涵着源远流长的中华优秀传统文化的精髓，使马克思主义在中国化的过程中与中华民族的发展现实相融合。因此，思政理论课教师应该全面推动和加强马克思主义理论与中华优秀传统文化的融合，从而为融合教学提供充分的理论支持和实践经验。我们还需要深入研究和发掘中华优秀传统文化的理论价值，以此来进一步提高大学生的文化自觉和文化自信。

3. 将中国传统文化引入思政教育的课堂教学

无论从哪个方面来讲，课堂都是学生接受教育的主要地方。在课堂教学中，教师不能纯粹地利用书本教学，可以多利用一些其他创新性的教学手段，还需要深入了解大学生学习的需求和能力，同时充分理解优秀传统文化的内涵，巧妙地将其引入教学内容中，并创新教学方法，以达到提高教学效果的目的。将中国传统文化引入思政教育的课堂教学中，结合思政理论课的教学，普及和弘扬中国传统文化知识，培养学生对中国传统文化的兴趣与爱好。教师也要做好观察和记录，就课堂运行情况进行数据采集，为数据分析和研究提供材料；并基于课堂教学的大数据研究，不断提升教育水平，改善学生课堂学习质量，全面推动课堂教学工作的有序开展。站在学生角度来看，现今的大学生已经具备了一定的自学能力和理性认识，因此教师在教授传统文化的课堂中，不应该仅仅停留在表面上的知识灌输和理论讲解，而是应该通过更加深入的探讨和引导，增强学生对文化的自觉性和自信心，这样才能真正取得良好的教学效果。如果仅仅停留在枯燥乏味的课堂教学中，不仅无助于学生的学习，反而会令学生对教学产生消极影响。在很多课堂教学中，教师只注重教授知识，却很少深入阐释其中的精神内涵，这种教学方法过于注重考核评价和知识点的传授，学生仅能记住了一些传统文化知识，但却无法深入理解其中蕴含的民族精神、道德情操和人文涵养。对此，教师需要设法提升课堂教学效果，挖掘课堂学习潜能，采用启发式教学方法，增强学生对教学内容的理解和认同，以平等客观的态度为学生答疑解惑。除此之外，教师还应该在组织、引导学生展开学习讨论方面发挥积极作用，以帮助他们提升文化理解能力。

4. 举办更多中国传统文化相关的讲座

高等学校可以从大学生的实际出发，找到他们在中国传统文化中关心的重点、难点以及相应的热点，在此基础上邀请社会上一些有名望的专家学者，或者模范榜样来给大学生们开展相应讲座。讲座可以说是高校思政教育课程教学的一种有益补充，办好了讲座，将是中国传统文化和思政教育双赢的局面。此外，高等学校也不能忽视与中国传统文化有关的实践活动。实践活动是课堂教学之外的第二课堂，教师可以举办一些和中国传统文化相关的知识竞赛、板报比赛，或是带领大学生参观文物古迹、瞻仰英雄人物，这些活动对于提升大学生的传统文化知识、增强他们对传统文化的学习和传承都有着重要的意义。

（三）综合运用多种思政教育载体

思政教育包括文化载体、活动载体、管理载体、大众传媒载体等在内的多种形式的载体，这些载体是可以共同存在、相互影响、相互交融的。因此，在将中国传统文化融入高校思政教育的过程中，各高校也应综合利用多种载体，以达到更好的效果。

1. 中国传统文化与活动载体

活动载体指的是用活动来承载某种信息，加以宣传或推广。教育工作者可以开展多种形式的活动，将思政教育内容融入其中，以此达到思政教育的目的。在参与活动时，受教育者会在不知不觉中受到教育，使自身的思政和道德素养得到进一步的提升。

2. 中国传统文化与大众传媒载体

大众传媒载体是指通过各种大众传播工具向广大群众传递思政教育内容，比如报纸、广播、电视、网络等。高校思政教育工作者应该善用各类大众传媒载体和互联网资源，推广中国传统文化，增强大学生对传统文化的认知度和感召力，提高思政教育的实效性和科学性，帮助大学生更好地学习传统文化。

（1）传统文化的通俗化

中国传统文化是几千年来中国人的精神基因，也是中华民族生生不息的力量之源。在传统文化融入高校思政教育时，思政教育工作者要做到古为今用、积极创新。虽然传统文化大多来源于古代人们的智慧结晶，但在进行教育时，思政教育工作者也要注意对这些知识进行通俗化的解读，使大学生们更容易地接受，也更有利于中国传统文化的传播。

传统文化通俗化的一个很好的例子是将它和一些有趣味的节目结合起来，例如《中国诗词大会》《中国成语大会》等，这些节目火起来以后，也一定程度地带动了诗词、成语等传统文化内容的传播。高校也可以将这样的节目形式作为参考，在校园中打造更有深度、更具广度、更能触动人心的传统文化活动或节目，如主题演讲、中国故事大家讲、中秋节诗词赏析大会、传统故事话剧比赛、经典诵读比赛等，融知识性、趣味性、互动性于一体，让经典的传统文化得到活化，如果一档节目极有观赏性、趣味性，还兼具文化性时，它一定会受到大学生们的热爱。

传统文化的通俗化，还可以通过中国传统文化和一些文化创意产品的结合实现。现在我们在市面上能看到一些以"康熙微服私访""故宫""兵马俑"等为主题的仿古产品或文化衫等，这些产品颇受人们喜欢。即使不论这些文创产品本身的质量，单从传统文化和文创产品的结合来说就是一个很好的创意。因为这样一来，传统文化就不是只存在于字里行间的抽象观念了，而是借助一些产品实现了活化，不仅更具观赏性、传播性、可视性，也展示了文化性和创新性。高校也可以借鉴这样的思路，在一些有校园特色的产品、海报、标识标牌上展示相应的传统文化内容，或鼓励学生根据自身对中国传统文化的了解与认识，组建团队，申请大学生创新创业项目，开发更多深受大学生喜爱的校园传统文化创意产品，赋予校园文化活动更多传统文化的因素呈现和内涵解读。

（2）传统文化的网络化应用

中国优秀的传统文化并不只是放在书斋中的，而应该得到更大程度、更广范围地普及。高校应该充分利用网络这个新兴传播渠道，拓宽网络教育的方式和方法，发挥网络文化在教育引导方面的重要作用。首先，高校要在传统媒体和网络新媒体的互动中，注重网络技术应用和文化传播融合过程中的趣味性挖掘，不断地推进传统文化的传承、发展与创新。举例来说，有名的"中国孔子网"就借助网络资源，把孔子和他的儒学思想传向整个世界。因为互联网有着很强的互动性，在传播中国优秀传统文化时，传播者和接受者还可以适时地进行互动，就双方感兴趣的地方进行探讨；又或者是大家一起在网络中吟风弄月，吟诗作赋，共同感受古人的高雅情趣。这些都是非常有意义的途径，可以增进人们对于中国优秀传统文化的了解。其次，开发高校中国传统文化网络课程是快速传播传统文化的有效途径，各高校可以结合学生专业课程设计的实际，通过线上网络课程，打破教室、图书馆的空间限制，在手机或电脑端实现传统文化课程的教学、考核与反馈，使传统文化的教与学更快捷、更方便，也能够为优秀传统文化的教育拓展更广泛的网络育人阵地。

四、构建高效传统文化教育的保障制度

《完善中华优秀传统文化教育指导纲要》明确提出，各级党委教育工作部门及教育行政部门应当充分认识到强化学生中华优秀传统文化教育的重要性，并将其作为一项重要任务来加以推进。需要不断加强对该项教育的组织领导，完善相应的评价和督导机制，同时还应加强对中华优秀传统文化教育的研究，使其能更好地进行组织和实施。[①] 就目前情况来看，将传统文化融入高校思政教育的举措还并没有落地，只是停留在思想的范畴，而要推进其落地实施，我们可以依托高校思政教育的领导组织体系构建有效的保障机制，从组织领导、工作队伍、经济物质、环境支持、法规制度等各个方面，构建高效的保障机制。

五、实现与思政理论课教学体系的有效对接

在高校教育中，传统文化要发挥育人的作用，并且满足大学生思政教育的需要，就有必要与思政教育对接起来，让中国优秀传统文化"遍地开花"。

（一）将中国传统文化纳入思政教育范畴

以前很长一段时间内，思政教育实践一直偏重于意识形态教育，只强调马克思主义哲学世界观的教育，而排除中国传统文化的教育。由于缺乏厚重的文化资

---

① 完善中华优秀传统文化教育指导纲要[J]. 中小学德育，2014（04）：4-7+41.

源的支撑，我国的思政教育变得教条僵化、空洞枯燥、难以服众，陷入一种尴尬局面。目前，这种局面虽然有所改观，但仍未彻底改变。因此，我们有必要促进思政教育的创新发展，将中国传统文化融入高校的思政教育中。

（二）关注社会现实，引入问题意识

只有积极关注社会现实，才能让理论研究保持持续发展并获得源源不断的灵感。在进行思政教育时，我们不应该仅仅停留在对中国传统文化中思政资源的界定和理论框架的呈现上，还应该注重对现实问题的有力回应，达到开阔理论研究视野、增强济世情怀的目的。因此，在研究中国传统文化与思政教育的融合时，我们应该注重关注社会现实，并通过实证调查等方法来找到问题、引入问题，进而确定研究该从哪些角度开始拓宽学术视野，这是非常重要的研究思路。

（三）从传播学视角加强思政教育的创新教学

传播是支持人类社会关系存在和发展的关键机能，传播以及针对传播所进行的研究——传播学，与我们的生活息息相关，时时相伴。而思政教育是一个传播思政理念的过程，因此它和传播学有着诸多关联之处，也可以将思政教育理解为一种特殊的传播过程。

首先，从研究对象上来看，思政教育和传播学就有相通之处。思政教育是给受教育者施加一定的思想、政治和道德观点，对受教育者造成一定程度的影响，让受教育者形成符合社会所需的思想道德品质，并按其要求进行社会实践活动。而传播是一种信息流动的过程，今天，随着网络化的推进和普及，信息的传播已经极其便捷，深入到了人们日常生活的方方面面。在此基础上，研究信息传播的传播学也和多门学科有了交叉，具体来说，有文化传播学、经济传播学、公共关系传播学和政治传播学等。从这个角度来看，思政教育就是一种传播思政观念的实践活动，是可以归属到传播学领域的。同时，传播学理论的丰富也让传播学衍生出了很多学科。从思政教育的形式和过程来看，思政教育又可以归属到人际传播和组织传播中。因此，可以说思政教育就是一种特定类型的传播活动。

其次，从目的上来看，思政教育和传播学也有相通之处，它们都有同向性。传播是在信息的共享中，在相互沟通中让接受者受到传播影响的过程，传播中的信息是有目的的。所以，传播常被看成个人或组织对别人施加影响的手段。而思

政教育也是这样，它是一个教育者施加给受教育者相关思政理论的过程，目的在于塑造受教育者良好的思政道德素质，影响他们的言谈举止和实践活动。

从传播学和思政教育的共同点出发，我们就能以传播学的角度来分析中国传统文化融入高校思政教育的科学方法和具体实践。

1. 尊重受教育者主体性地位

满足需求论是一种新的受众理论，它通过分析受众的需求和接受信息的原因来深入了解受众的特点和行为。满足需求论认为，受众都是有特定需求的，他们接受信息是为了满足自己的某种需求。因为个体的需求不同，信息传播通常很难被所有受众同时接受。同时，受众会自主选择那些对自己有用的信息来满足各自的需求。根据这个理论，我们可以得出结论，接收信息传播的受众并不是完全被动的，所以，传播的主动权最终并非掌握在传播者的手中。

传播学中，还有一种社会参与论，它也强调受众的主体地位，受众既是"接受方"，也起到了"传"的作用。他们是传播学主要研究的群体，发挥着传播效果的展示和体现作用。但受众不会被动地全盘接受信息，他们有自己的主动动因，会自行选择。高校思政教育也是一样，大学生不会全盘地接受思政教师讲授的所有东西，也会对这些理论进行选择，查看能够满足自己需求的东西。从这个基础出发，中国传统文化融入高校思政教育就应该更加强调大学生的作用，而不是教师自己一味地灌输或讲授。

将中国传统文化融入高校思政教育，要找到大学生真正的需要。如果他们的需要得不到满足，那么传统文化就无法为大学生的生活和工作提供内在动力。因此，思政教师应该关注受教育者的学习方式，积极激发他们的兴趣和需要，帮助他们理解传统文化与社会需求之间的紧密关系，从而激发他们更强烈的学习动力。此外，思政教师应该深入了解受教育者的需要，及时满足他们合理的需要，纠正他们不合理或消极的需要。

2. 研究受教育者的选择心理，开展教育活动

个人差异论的理论基础是"刺激——反映"模型，它主要基于行为主义理论对受众进行研究。根据这个理论，人们的心理和性格会受到成长环境和社会经历的影响，因此传播学认为不可能存在完全相同的受众。因为每个人的需求、习惯、价值观、态度和信念都不同，不同的人会以不同的方式选择和理解所接收到的信

息，并且反映出来的态度和行为也会有所差异。即使是思政教育，也不能排除这种情况。

在思政教育的实施过程中，没有完全相同的、标准的受教育者，也不应追求一成不变的教学方式。教育者应当以尊重的态度，善于聆听和理解受教育者的立场、观点以及态度等等，用这些作为教育活动的出发点。在进行劝说性教育之前，需要先获取有关受众的信息，包括他们的兴趣、喜好、需求、价值观和态度等，以便选择最合适的教育信息。一个人的思想品格的形成和发展是一个相互关联的过程，它包括内化和外化两个方面，这两个方面在这个过程中不断循环。受教育者的专注过程实际上就是筛选信息的过程，他们无法接受所有的教育信息，往往会选择并接受与自己观点和立场相一致的教育信息。如果思政教育者只是简单地传授知识或理论，那么受教育者可能只能对大量的教条进行被动记忆，无法深刻地感受和理解。同时，这种方式也不能使受教育者将思政教育与自己的生活实际联系起来，达不到充实或重构受教育者的价值观体系的目的。

3. 利用群体动力提高教育效果

在传播活动中，社会关系论着重强调群体之间的互动与影响。这一理论侧重于探讨群体压力和合力对个人接收传播信息的影响，主张要充分认识受众所属团体的力量、影响力和参与度，这会在很大程度上影响受众接受信息时的态度和行为。与此同时，该理论认为媒介很难改变个人固有的价值观和态度倾向。根据这一理论可知，受众的社交关系对于信息传播有着极大的影响。实际上，受众的社交关系常常会削弱传播效果。

这里提到的社会关系，指的是人际网络、群体规范和意见领袖等。因为受到所在群体的压力，人们可能会改变对传播内容的理解和接受程度，并通常会选择加入与自己持相同观点的团体，而当团体认可个人的观点时，个人的信心也会得到进一步加强。如果传播信息与团体的利益和规范不符合，团体就会抵制该信息，削弱传播效果。因此，要达到良好的传播效果，传播者必须了解特定人群所属或认可的社群，这对受众行为的预测很有帮助，这一点在政治传播和思政教育方面尤其显著。所以，研究受教育者的接受机制，通过群体动力使教育效果显著提升，同时避免群体压力削弱教育效果，是一个提高传统文化与思政教育融合效果的新方向。

第五节 儒家文化对高校思政教育的启发

一、中庸和谐与大学生思政教育

儒家思想秉持"和合"理念,强调实现组织内部的和谐与合作。儒家倡导"和为贵",这是其学说的基本原则,而实现理想的组织建设的核心理念则在于"道之以德,齐之以礼"①。研究者可以从两个角度出发,对儒家的"和合"思想进行深入探讨。第一,儒家思想认为实现管理目标的重要方式是"和合"共存,即要求人类与自然要保持和谐统一,人际关系要和谐,同时人和社会之间的关系也要与发展规律相一致;第二,"和而不流",寻求和谐并非放弃原则,和睦共处并非跟风逐流、同流合污,而是坚守原则,始终秉持"有所爱,有所不爱。有所为,有所不为"②的理念。

要使组织内部保持中庸和谐的氛围,应该必须秉持"忠恕之道"。"忠"即是对自己的任务要尽心尽力;"恕"即学会换位思考、宽容待人。首先,在进行大学思政教育队伍建设时,我们应该注重创造良好的"软氛围",促进人与人之间的和谐互助,提高每个人对工作的认同度和忠诚度,并以自己的忠恕原则来感染和影响周围的人。其次,通过培养大学生"谦恭礼让""严己宽人"的品质,提高他们处理人际关系及营造和谐的校园和社会环境的能力。教育学生要懂得与周围人友好相处,懂得与他人合作和包容他人。然后,积极推崇善良美德,让学生将真善美视为不可动摇的道德准则。大学生,特别是学生干部,在学业、工作和日常生活中,应该有明确的判断力和原则意识,敢管敢做,不应该沦为随大流、唯唯诺诺的"好好先生"。大学生应该积极承担责任,将自我成长和成才作为自己的使命,发扬优秀道德价值观,传承仁爱之道,将仁爱的精神体现在学习和生活的方方面面。

二、安身立命、乐天知命与大学生思政教育

教师可以以"安身立命、乐天知命"的人生观为指导,③帮助大学生树立珍视

---

① 孔健编著.孔子全集·上[M].北京:东方出版社,2011:5.
② 樊登.樊登讲论语先进[M].北京:北京联合出版社,2021:421.
③ 胡伟希.中国近现代思想与哲学传统[M].杭州:浙江工商大学出版社,2009:392.

生命、尊重生命、拓展生命价值的观念。安身立命表示人类生命不仅需要有稳定的生活基础，而且也需要寻求内在精神支撑。乐天知命的意思是要接受自己的命运，以积极乐观的态度面对生活。儒家思想所推崇的这种人生观，强调对于生死这一重要问题要持有安静从容、积极乐观的态度，保持个人内心的平衡与和谐，提高对生命的领悟能力。

三、自强不息与大学生思政教育

儒家思想将个人理想和目标作为人生追求，为了实现这一追求，人们被鼓励去艰苦奋斗，享受奋斗的快乐，坚持不懈地努力向上。人只有通过不懈的努力和自我提升，才能实现自己的梦想。

中国人坚韧不拔和永不言败的民族品质，正来源于儒家所推崇的勇敢刚毅、自励不息的精神。教师在对学生进行思政教育的过程中，应该为学生打造良好的思想环境，引导学生正视困难、努力奋斗，以追逐理想和实现目标为己任。教育学生保持谦逊的态度，胜不骄，败不馁，时刻挑战自我，成为生活的强者。

四、仁者爱人与大学生思政教育

儒家思想的核心概念是"仁"。在《论语》中，"仁"有五十八章一百零九处的体现。孔子对"仁"进行了三个层面的阐释，其中第一个层面是"好仁"，"樊迟问仁。子曰：'爱人。'"，孔子的"爱人"思想是从"爱亲"开始，然后逐步扩展到"爱人"，最终达到"爱国"的高度；第二个层面是"求仁"，"夫仁者，己欲立而立人，己欲达而达人。能近取譬，可谓仁之方也已"。[1] 在这一层面孔子特别强调了"推己及人"这个原则；第三个层面是"成仁"，强调道德主体的自我提升，反映了孔子的人生态度。孔子将"仁"视作一种道德品质，以及一种道德责任和实践。

"仁者爱人"要求思政教育者首先要在内心树立爱人理念，将对工作的热情和对学生的关爱融合在一起，要求思政教育者用情感去感动他人，主动亲近、关注和帮助学生，将关爱之心传达给每一位学生。其次，作为思政教育者要学会"推己及人"，提高个人修养，树立良好的个人形象，以此来获得学生的尊重。

---

[1] 孔子.论语[M].北京：华夏出版社，2017：73.

"仁者爱人"的含义是有良好道德修养的人应该爱护周围的人。思政教育者可以从"孝"这方面入手，引导学生从爱自己、爱家人到爱其他人，充分体现博爱的精神。"孝"首先涉及的是对自己的关爱，也就是珍惜自己的生命，关注自己的身体健康，以减轻父母的负担和忧虑；再者身为子女，应该懂得感恩之情，并承担反哺父母的责任，同时，要将对亲人的爱延伸到整个社会，践行"老吾老以及人之老，幼吾幼以及人之幼"[1]的价值观，拥有包容、积极的心态并努力为社会作出贡献。此外，我们还需要引导学生形成正确的义利观，使其明白集体、国家利益远高于个人利益，让学生认识到个人的成功和幸福是与社会的繁荣和发展密切相关的，只有为社会作出贡献，才能在人生中找到真正的意义和价值，活得更加充实和有意义。

五、修身正己与大学生思政教育

子曰："政者，正也，子帅以正，孰敢不正。"[2]儒家思想注重个人的自我修养和人格的塑造，主张"不义而富且贵，于我如浮云"，[3]提倡"富贵不能淫，贫贱不能移，威武不能屈"的浩然正气，[4]推崇"三军可夺帅也，匹夫不可夺志也"的人生理想。[5]儒家主张通过"内省""慎独"，实现自我修身，强调做人要真诚、不欺骗自己，在任何情况下都要保持正直，即使没有别人的监督，也要始终保持严格的自我要求。高校思政教育工作者应引导学生深刻领会儒家"修身正己"的思想，要求学生从我做起，追求高尚的人格。同时，还要加强理性自觉，将自律与自我教育融为一体。只有先正视自己，努力完善自我、调整自己的心境，才能在诱惑和困难面前保持坚定的信念，不迷失前进的方向。

---

[1] 孟子. 孟子[M]. 北京：中信出版社，2013：33.
[2] 孔健编著. 孔子全集·上[M]. 北京：东方出版社，2011：48.
[3] 孔健编著. 孔子全集·上[M]. 北京：东方出版社，2011：82.
[4] 孟子. 孟子[M]. 北京：中信出版社，2013：135.
[5] 孔健编著. 孔子全集·上[M]. 北京：东方出版社，2011：35.

第五章 传统文化视角下高校思政教育的实践

在中国传统文化蓬勃发展的今天,在高校思政教育创新改革的新时期,将中国优秀传统文化融入高校思政教育已经是大势所趋,是提高高校思政教育有效性的可行之法,是促进高校实现立德树人目标的一条捷径,更是为高校学生开启人生智慧、铺就人生坦途的重要举措,本章将对传统文化视角下高校思政教育的实践展开研究,内容包括三节:传统文化融入高校思政教育的阻碍、传统文化视角下高校思政教育的实践策略、传统文化视角下高校思政课程的实践案例——以儒家思想为例。

第一节 传统文化融入高校思政教育的阻碍

一、高校思政课理论教学的现实困境

(一)大学生对高校思政课程价值的认识不足

大学生对高校思政课程的价值存在误解是导致其对思政课程缺乏认同感的本质原因,这种误解的产生有多种原因,主要有以下三个方面。

1. 不能深度认识高校思政课程性质

高校思政课程不仅可以传递知识,还可以提升学生能力、引导学生形成正确的理念。该课程的目的是通过讲解相关知识和理论,向大学生传授科学的世界观和方法论,培养他们分析和解决疑难问题的能力,激发他们追求更高远的目标,增强他们的求知欲望。但实际上,一些大学生感觉这门课程过于抽象,与社会脱节,不会为他们日后的职业发展带来什么实际帮助。此外,还有人认为这门课程

的存在只是为了维护统治阶级的权利。这些错误想法防碍了他们从根本上正确理解思政课程。

2. 容易受不良环境的影响

社会不良现象和网络负面作用很容易对大学生造成影响。尽管我国市场经济正在迅猛发展，但相应的法律法规建设尚未跟上发展步伐，造成了一系列负面影响，如分配不平等导致的贫富差距加大、社会冷漠氛围蔓延、官员贪污腐败现象始终存在等。对于那些还没有形成正确的价值观念和缺少较强判断能力的大学生来说，网络的负面影响更大。一些不良现象与思政课所提倡的观点是完全相反的，从而导致许多大学生在形成自己的"三观"时，错误地认为思政课程是不可靠或无用的，从而产生了不正确的认知。随着我国改革开放的深入推进和全球经济一体化的加速，一些不良观念已经影响到了大学生的思维方式，导致一部分大学生逐渐形成实用主义的判断标准和功利主义的价值取向。另外，一些用人单位过于注重专业技能而忽视候选人的道德素养，导致在一些大学生看来，衡量一门课程是否有意义的标准在于是否能够为未来的就业提供直接经验，因此，在他们眼中思政课程就属于对未来就业无用的课程。

3. 大学生的心智和能力存在不足

高校思政课程的特点包括较强的综合性、理论性和思辨性，其目标是培养学生独立分析和解决问题的能力。要在这门课程中取得好的学习成果，大学生就必须拥有完善的知识基础、较强的辩证思维和逻辑分析能力，同时还需要具备一定的社会阅历和心理承受力。然而，现实情况是，由于各种不良因素的影响，当代大学生的这些能力都有待提高。第一，很多大学生都是独生子女，从小到大，在家人的精心培养，以及学校和教师为他们制定的教科书式的计划教育下，这些学生缺少成熟的心智和自主学习的能力，在面对新事物时常常缺乏分析、认知和判断能力，对学习的积极性也不足。第二，中学时期，大部分学生为了顺利升学，将大部分精力花费在学习上，很少接触社会，因此缺乏生活经验。第三，中高考制度的一些缺陷使得学生几乎把全部时间都用在学习专业课上，而忽略了其他方面知识的学习，知识结构不够全面。这些因素导致一些大学生觉得思政课程过于抽象，难以理解，从而丧失学习的兴趣和热情。这种情况若持续下去，会有越来越多的大学生无法正确认识这门课的实际价值。

虽然，大学生的总体认知与主流社会的要求保持一致，但事实上很多学生对于思政教育主干课程认知却存在明显偏差，对于思政课认知较为肤浅。虽然有一部分学生认为需要加强政治理论类课程学习；但更多的学生认为自身已经具备国家、社会要求的品质，适当学习相关课程便可；还有极少部分学生认为高校课程紧张，思政类课程意义不大，且占用了过多大学时间。事实上，提升大学生对高校思政课程价值的正确认识，对高校思政课的教学及大学生身心发展有着重要意义。

（二）高校思政课程教师的综合素质有待提高

由于国家高度重视培养马克思主义理论学科专业人才，各高校对教师选聘标准进行了规范化并加强了培训力度，这些措施显著提高了该课程教师的整体素质。并且对大学生更好地认同思政课程有很大的帮助，但是，依然存在部分高校思政教师综合素质不足而导致大学生课程认同较低的情况。以下是高校思政课程教师综合素质需要提升的几个方面。

1. 职业使命感有待提升

高校思政课程教师缺乏职业使命感的原因是多方面的。首先，一些高校思政课教师在专业认同感和专业理想信念方面需要进一步提升。专业认同感和专业理想信念是支撑其爱岗敬业精神的重要因素。但实际上，有些教师没有很好地理解这门课程的重要性和作用，认为教学只是一种赚钱的工作，只要按照学校或学院的计划完成教学任务就行；另外，有些教师没有坚定的共产主义理想信念，对所教授的学科和教学内容持有疑虑的态度，这种情况会使他们的教学热情和动力受到一定程度的影响。若教师缺乏专业认同感和专业理想信念，便无法将教学视为一种高尚的使命，难以因此产生自豪感和使命感。其次，需要给予高校思政课程教师更高的社会地位。尽管高校思政课程备受政府重视，拥有深厚的理论基础和专业教师队伍，但许多教师发现自己所授教程并不受欢迎，被忽视甚至轻视，不得不承受来自其他学科教师、学生、家长以及社会的压力。这种情况让高校思政课程教师难以感受到应有的尊重，日渐失去自信和教学热情。最后，应该加强高校思政课程教师的经济待遇。高校思政课程教师担负着道德示范的社会责任，应该具有无私奉献的精神。邓小平同志曾指出："虽然说革命精神相当宝贵……那也是建立在物质利益的基础之上的，一味地强调牺牲精神，不追求物质利益，是唯心论。"① 因此，高校思政课程教师也应该享有追求个人利益的权利。然而，思政课程主要是通过理论知识的讲解来达到塑造和培养人才的目的，其教学活动无法直接转化为实际生产力，因此该课程的教师相较于其他行业或同行业其他学科的教师来说，经济收益不是很高。此外，思政教师除了进行思政理论课程讲授外，还要负责大学生日常思想教育和道德引导等工作，但是，他们的工资和福利待遇与他们所承担的责任和实际工作量严重不相符，严重削弱了他们对工作的热情。

2. 理论素养有待加强

高校思政课教师应具备扎实的思想政治素养。高校思政课教师必须是党员，其政治素养应当十分突出；高校思政课教师必须坚定地支持中国共产党，传播先进文化，引导学生健康成长，并要始终确保自身思政方向的正确性。

高校思政课程还是一门学术性很强的课程。这意味着教师需要掌握完善、扎实的专业知识，对一些专业难题进行解读时要观点鲜明、论证有力，从而体现更强的学术魅力。此课程不仅是一门广泛涉及哲学、经济学和法学等知识的学科，更注重培养学生综合性的能力和思考方式。思政教师应拥有良好的专业素养、卓越的知识结构和敏锐的洞察力，时刻站在理论研究前沿并深入了解社会现实，准确地为学生答疑解惑，同时展现出自己的学识魅力，以此激发学生的学习热情。

3. 总体教学能力有待提升

高校思政教师需要具备根据教材体系组织授课语言、有效整合教材内容以及合理重塑授课内容的能力，促进思政课程教材体系向教学体系的转化。然而，有些高校的思政课程教师，尤其是那些经验不足的教师，在这些方面能力严重不足。以下是几个具体的改正提升方面：首先，需要进一步提升语言表达的水平。高校思政课程的教师需要将难懂且充满政治色彩的教材内容转化成通俗易懂、幽默有趣的教学语言，以便让大学生更好地理解和接受。不过，目前存在一些思政课程教师只是机械地照读教材或PPT的现象，不仅影响了学生对课程的理解，而且容易激发他们的反感情绪，影响课程的教学效果。其次，需要提升整合教材内容的能力。高校思政课程内容富有内涵、理论深刻、资料丰富，但由于授课时间的限制，教师难以全面讲解全部内容。高校思政课程内容一方面与中小学阶段所教授

---

① 黄焕初．略论社会主义市场经济的义利观[J]．江南论坛，1997（10）：1．

的思政理论课程存在重叠；另一方面，课程内部不同课程之间存在重复，容易使大学生失去兴趣。因此，教师在教学过程中需要结合教学大纲和学生的知识水平，选择重点内容进行讲解，以确保教学质量。但是，有些教师未能正确辨别教材内容的主次，采用"平均用力"的教学方法和单项式的教学模式，有时候过于注重完成教学任务，而忽略了大学生的接受能力和课堂效果。这种教学方式对于教学效果造成了严重的负面影响。最后，需要提升重塑教材内容的能力。高校思政课程的理论性、逻辑性较强，因此很多大学生难以提起学习兴趣，或很难理解其内容。为了解决这一问题，思政课教师需将教材与现实生活相结合，将大学生在日常生活中遇到的问题与课堂内容相结合。

（三）高校思政课程的教学改革有待深化

近年来，国家和高校逐渐意识到了高校思政课程对于培养高素质人才、维护国家稳定、实现民族复兴的独特作用。因此，有关部门加强了对思政课程的改革力度，有效地改善了这门课程的教学情况，大学生对其的接受度也有所提高。但是，仍然存在一些需要解决的问题：高校思政课拥有丰富的内容，强调理论性和逻辑性。因此，虽然教师的讲解非常重要，但仅靠讲解是远远无法让学生全面、准确地掌握课堂教学内容的，学生还需要借助辅助教材。另外，缺乏实践教学方面的指导用书是目前思政课程教材体系的一个短板，严重限制了实践教学的有序和有效开展。

1. 教材内容编写的科学性有待提升

首先，教材内容还不具备足够的时代性和说服力，仍需要通过改革进一步完善。现有的教材过于注重相关内容的逻辑性和系统性，忽视了新时期市场经济和社会中的许多热点和难题，因此需要及时更新教材内容，提高其时代性。尽管有时课程教师会讲解这些备受关注的问题，但是他们对于这些问题的分析和解读缺乏权威性。其次，还应当提高教材内容编写的贴近性。思政学科涵盖了马克思主义通论、国家发展历程、领导方针政策以及学生成长方面的思想道德培育等内容，这些内容理论性较强、内容较为枯燥，且难免涉及政治色彩，但当代大学生通常存在强烈的叛逆心理，加之他们自身的认知能力有限，还未能意识到这些知识对他们的深刻意义。如果教材内容编写无法很好地综合社会现实和大学生实际生活，那么学生可能会觉得该课程缺乏实际意义，对该课程出现不满情绪，对教学效果产生负面影响。当代大学生非常注重与个人利益相关的问题，同时具有较强的自我意识。因此，在编写教材时，需要充分考虑他们的实际需求，重点解决他们关注的现实难题，包括就业问题、不良社会现象等。

2. 教学主要手段方法运用的科学性有待提高

虽然教师的主要教学方法需要符合思政课课堂的纪律性要求，但同样可以借助多种紧跟时代发展步伐的新兴手段。首先，在许多学生甚至是不少教师的认知里，思政课的教学内容是单一且固定的，即由中宣部、教育部主持编写的统编教材。完全且仅依靠教材进行课堂教学确实可以保证课堂纪律性，但弊端也同样明显。思政课因其特殊性，教师不得不反复强调课本里的许多内容以加深学生的印象和理解，这样学生很容易对从初高中开始就不断重复接触的内容产生疲倦甚至厌恶的情绪。要提升学生对思政课的积极性，更好地实现思政课的有效性，思政课教师就需要在纪律性的约束下大胆采用多样化的授课内容的表现形式，包括中央文件、党媒党报的主流声音等。这些形式的思政理论更具有时效性和新鲜度，往往是关于国内和国际的新近发生或正在发生的大政要闻的官方态度。如此一来，可以做到兼顾纪律性和吸引力。目前，思政教学主要手段的选择主要存在以下问题。

首先，高校思政课程教师的教学手段和方法相对较单一。多样化和创新化的教学方式与手段，对于大学生的学习效果产生着深远的影响。这些教学方式和手段富有吸引力，能够使学生更好地投入到学习中。当代大学生思维敏锐，民主意识强烈，寻求个性与创新，因而需要实施多元化教学，以激发他们的学习热情。但是，目前还有一些教师深受传统教育观念的影响，"重说教，轻养成、重理论，轻实践"，更倾向于采用老式、枯燥的教学手段。这种做法不仅不符合大学生的身心特点，也不能发挥他们的主体性。当下，教师应该探索更科学、更注重学生主体性的教学手段，例如互动式和探究式教学方法。其次，还需要提高高校思政课程教师的教学手段和方法的针对性和实效性。有些教师虽然在教学上开始采取多样化的形式和方法，但是他们的方法缺乏针对性和实效性，无法有效发挥教学效果，要达到预期目的，往往要花费更多的精力。最后，在高校思政课教育中，有些教师对实践教学方法的重视不够，或是没有正确使用实践教学方法。当代大学生充满活力、渴望知识，勇于探索，需要更多的实践教学而非仅限于纯理论授课。然而，一些教师并没有充分重视或科学地运用实践教学，他们觉得组织实践教学需要花费较多的时间和精力，所以更喜欢通过纯理论授课来维护课堂控制力、确保安全的教学环境以及更少的工作量。有些教师在实践教学中没有正确地定位自己的角色，应该让大学生更加主动地参与实践教学，而不是让教师大包大揽，当然，在确保学生安全和提高教学效果的前提下，必须实施有效的监督和管控；在实践教学中，参与主体不够广泛，有些教师只让成绩优秀的学生参加，使其他学生的学习积极性受到负面影响；由于实践经费和场地的限制，许多高校的实践教学缺乏多样性，常常只固守几种形式和地点，削弱了学生的参与热情，影响了实践教学效果。

3. 考核评价体系有待完善

首先，目前的考核评价标准和主要手段缺乏足够的科学性和严谨性。第一，需要进一步提升考核评价的综合性。一些高校在对大学生的理论知识水平进行考核评价时，考试内容过于固定，缺乏灵活性。传统考试的要求和"分数至上论"的观念给予了某些高校思政课程教师很大压力，使得这些教师往往只顾及学生在考试中的分数，授课时只注重基本理论和概念等内容，导致课程考试变得呆板僵化。此外，一些高校在对大学生进行能力素质考核评价时，常常忽视了他们的行为能力素质。当前，高校对思政课程的考核评价主要着眼于检验学生的理论知识掌握情况、能力素质以及日常学习态度。但是，在评价大学生的能力素质时却只关注理论知识的实践运用能力，忽视对大学生行为能力素质的评价。第二，我们需要在考核措施中强化科学性、实效性和网络思维。首先，通常来说，目前大部分高校在评价学生是否掌握了课程理论知识时，都主要使用"一张期末试卷定此部分分数"的方法。然而这种方法往往会导致学生难以及时发现和解决疑难问题，甚至会使问题越来越多，甚至最后会产生学生放弃该门课程的情况。同时，这种方式也不利于教师及时发现授课内容中存在的不足之处，从而无法针对性地调整教学策略，帮助学生解决疑难问题。所以，需要加强考核评价体系的科学性。其次，有些高校在评价大学生的能力时，不仅没有考核学生的行为能力素质，而且在考核理论知识的实践运用能力时过于强调形式化的方式，使得考核结果的实效性不甚理想。最后，尽管许多高校开始实施高校思政课程的"网络化考核"，但由于部分教师对于互联网促进考核手段改革的重要性缺乏真正的认识，这种考核方式在实践中并未达到预期效果。因此，需要采用"网络思维"。第三，实践考核评价机制存在不足之处。虽然现在很多高校都开始采用实践教学的教学方法，但是相应的实践考核机制却仍有待进一步健全完善。比如，一些高校只采取书写实践心得等考核方式，形式单调，缺乏科学性、合理性和规范性。其次，在考核评价的实施过程中，缺乏有效的监管。一些高校目前采用任课教师自行出题的方式，以避免限制教师的教学特点和方式，尽管这种方式促进了教师创新教学方法和手段的积极性，但是由于缺乏有效的监管，很容易导致任课教师在难易程度、考场纪律和阅卷尺度等方面的把握过于随意，进而降低考核评价结果的可靠性。最后，高校没有重视或充分利用考核评价结果的反馈作用。准确、科学的考核不仅可以评价教师的教学情况，还能帮助教师全面了解学生的认知和实践状况。通过对考核评价结果进行分析，教师可以发现学生的不足之处，深入分析原因，收获经验教训，推动思政课程的教学和考核制度不断改进和完善。然而，一些高校当前未对考核结果进行深入分析，或者只是简单地总结和分析及格率、优秀率等，导致考核评价结果无法充分发挥作用。

二、高校思政课实践教学的现实困境

（一）从学生角度出发

1. 缺乏独立自主精神

随着我国普通高等院校改革力度的普遍提升，对思政教育水平的重视程度也日益提高，为此，各大院校积极推进课堂改革，探索创新教学方式和方法，注重学生的主体地位，着眼于提升大学生的思想道德素质。大学生独立自主精神的缺乏体现在许多方面：一些学生在进行课前预习时，过分依赖教师的指导，无法自主完成学习计划或设定自己的学习目标。有些学生在学习过程中还倾向于传统的思政教育方式，即被动地接受知识，缺少主动思考疑难问题的积极性。当教师采取新的教学方法时，学生的反馈积极性并不高，他们对所学内容缺乏热情和思考，表现出某种程度的思维惰性，并且不愿与教师互动交流。有些学生的学习态度不够积极，没有对教师提出的思想品德要求方面的问题进行主动思考，更没有将其应用于现实生活，也没有通过学习改善自己的不足之处。除此之外，他们还缺乏挑战和反思的能力，并未充分发挥自身的创造才华。

学生在思政教育方面的自主性表现为他们独立自主地学习、选择和吸收教师所传授的内容和知识。在思政教育中，学生积极踊跃地参加各项活动，并以自主的、有针对性的学习方式加深对知识的理解。在思政教育课堂上，大多数学生可以自主地、有选择地学习思政教育的知识和内容，并且将这些知识积极运用到道德修养的培育实践中。尽管如此，仍有部分学生对所学习的知识持消极态度，不会主动去选择。就算教师尽心尽力地讲课，学生仍只关注考试内容，对思想政治教育并不关心，缺乏深入反思。许多学生仍有待进一步提升自主学习能力，更好地安排学习计划和目标。同时，他们还应该学会将所学知识转化为自己内在的道德修养，贯彻实践。

思政教育对象的自主性的另一个表现就是创造性。通过思政教育的学习，学生能够在吸收老师所传递的信息和反思自己的思想品德的基础上，展现自己的创造力，创新地挖掘和表达自己的思想和见解。除了学校和教师之外，学生也可以积极地探索新的教学方法和形式，充分发挥自己的自觉能动性。在普通高校中，研究新的教学方法的重任往往全压在教师的肩膀，学生对此缺乏主动参与和提出意见、建议的意识。一些学生在思政教育课堂上对学习和教师传授的信息表现出消极态度，缺少与教师的积极互动。

2. 价值观有偏差

现在，享乐主义、个人主义等负面思想的不良影响出现在部分大学生身上，加之社会主义市场经济的作用，许多学生产生了功利主义和利己主义的思想倾向，这些思想与我国所倡导的优良传统精神相互矛盾。受到多元化价值观和思想的影响，部分大学生的价值观发生了改变，产生了很多不好的行为，如奢侈浪费、攀比心理等，这些现象造成了很多"校园借贷"惨剧；还有一些学生干部表现得过于官僚化，思想腐化严重，缺少服务同学和教师的意识。

3. 缺乏网络法律观念

网络道德素养是高校大学生网络素养的核心内容。但是，大部分网络信息都是匿名发布的。因此，高校无法完全规范高校大学生在网络世界中的思想和行为。大学生应该加强网络道德素养，培养自己的自制力并自觉遵守行为规范，推动网络社会的健康发展。网络行为也应该以道德标准为准则，通过社会道德和传统文化等，对人们在互联网上的行为进行评价和管理，以维护良好的网络社交秩序。随着时代的发展和社会的进步，人们的道德价值观得到了更加全面和深入的拓展，网络道德作为新的成员，已经成为网络社会中人们行为规范的重要组成部分。高校大学生应该加强对网络道德观念，在上网时践行与社会主义核心价值观相符的道德观念，同时不断约束自我，规范网络道德思想和行为。

信息的发布和获取在互联网开放性和共享性的影响下变得极为便利，而互联网平台也为大学生提供了一个匿名的虚拟空间，允许他们在不必担心他人评价的情况下自由地表达自己的思想和看法。然而，由于缺乏相关的法律法规，部分大学生往往不考虑自己的网络造谣行为也会带来法律上的责任，容易受到其他思想的影响而发布一些不实消息。

4. 理想信念层次不高

社会的利益格局在改革开放不断深入的过程中发生了根本性的变革，人们对于个人利益的追求愈加迫切。这个结果是社会发展的必然产物，与特定的历史背景息息相关。普通高校的思辨能力和知识储备往往有限，受到社会环境的影响，普遍更加关注个人的物质利益，而缺乏关注国家和民族利益的意识，甚至放弃对崇高目标和信仰的追求。一些大学生所追求的职业理想仅仅是个人利益和个人发展，这种追求是低层次、自私的，不属于为社会主义建设作贡献的高尚追求。

调查结果表明，我国普通高校的教育体制和国家选拔类考试普遍偏重应试教育，"重智轻德"的问题普遍存在，虽然大多数学生对思政课持有积极的学习态度，但是他们在学习思政教育的知识时，往往只是出于应试或获取学分的目的，对于马克思主义等相关理论缺乏真正的内心认同。思政教育相关理论缺乏实用性的错误观念普遍存在于广大学生群体中，当然，造成这种情况的原因也包括思政课程教学模式和方法过于单一、缺乏活力，与实际情况联系不够紧密。

（二）从教师角度出发

1. 观念落后

传统普通高校的思政教育常常采用封闭、被动的教学形式。然而，随着互联网的高速发展，各种互联网信息平台纷纷涌现，展现自己的特色。在如今开放共享的时代，一些普通高校的思政教育工作者没有适应时代发展的步伐，没有意识到"互联网+"时代的教育理念为传统教育理念带来的转机,未能在教学中充分使用现代互联网思维,甚至还在教学中坚持传统教育理念。

2. 信息筛选能力受自身限制

目前,互联网信息平台上的信息数量庞大,分类混乱,这给普通高校的思政教育工作者带来了极大挑战。教师的筛选能力受到个人知识水平的限制,因此更难从网络信息中筛选出有用的信息。网络上的许多不良信息,如"暴力信息""诈骗信息"等,都会对教育工作者的情绪产生消极影响。

3. 不能充分利用互联网

有些资深教师无法有效利用互联网获取教学信息,他们不熟悉互联网信息平台的编辑整合功能,而且缺乏运用互联网信息平台进行在线思政教育的技能。与此同时,许多思政教育工作者对于网络时代的语言运用不够熟练,难以与学生进行互动,缺乏深入的共鸣。

(三)从教学角度出发

1. 教学模式落后

我国很多普通高校正在大力推进课堂改革,勇于尝试新的教学方式,并且已经取得了显著的效果。不过,仍有一些高校仍在沿用传统的教学方法,没有进行改革。积极互动、共同推进是思政教育不可或缺的要素,教师和学生应该共同秉持这一理念,促进思政教育的发展。因此,教师和学生应该积极参与思政教育课堂,进行更多的交流。然而,有一些教师仍然使用传统的"满堂灌"授课方法,学生仍是被动的接受者,缺乏主动参与的积极性和热情,因此,这种方法无法激发学生自主学习的欲望和自我探索的精神,也无法全面展示学生的创造力和主动性。

习近平意识形态工作论述是在综合历届领导集体有关意识形态的论述的基础上,通过对当前国情和时代背景的深入分析和思考,形成的一种充满创新和前瞻性的新思想。这一思想独具当代特点,体现了时代发展的要求和特征,要求普通高校在教育模式上紧跟时代潮流,让高校教育随着社会的发展而不断进步,更新教学模式。当前,"翻转课堂""微课"及"慕课"等教学方式已经在其他学科中得到了广泛应用,思政教育领域也有必要适度运用这些方法。

2. 教学内容偏离实际

对普通高校来说，思政教育的时代化是十分必要的。普通高校向学生传授的是马克思主义理论、马克思主义中国化内容等思政知识，这些内容是马克思主义理论在中国化进程中形成的，充分彰显了当代中国社会的特点和时代精神。尽管大部分高校能及时传达重要会议的核心思想，并更新思政教育教材，但是仍有一些高校的思政教育内容过时凝固，缺乏时代化特征，导致学生对国家的新政策和会议的核心思想了解不足。

有些高校教师只是机械地讲授课本内容，没有对理论知识进行深入的解释和阐述，难以让学生在思政教育中实现有效参与，积极思考所学内容，进而抑制了学生的主动性。

3. 教学形式有待转变

教学内容的切实贯彻、教学任务的完成总需要通过一定的教学方法来实现。近年来，学校教育开始注重以学生为主体的教学方法，课堂形式的重心开始向学生偏移。为激发学生学习动机，学校开始采用激励手段激发学生积极的状态，鼓励学生认真学习知识、提高能力。其中活动式教学法作为一个比较新颖的教学主要手段，得到很多学校的推崇。但活动式教学也需要注意"度"的问题。活动是激发学生兴趣、引导学生独立动手实践完成任务的好手段，可是如果在课堂中活动滥用，往往会本末倒置，引起负面效果。比如，新的思政课程教材插入了许多与法治有关的内容。对于这一教学内容，部分教师会采用情景剧或图片展示等方法。但这显然不适用于普及严肃理性的法治知识、培养法治意识。

我国思政教学的主体现今正处在一个变革的过程之中，尊师重道是我国传统的教育理念，也决定了教师地位与学生地位的不平等性。在新时代的教育和社会要求促使下，我国教育形式逐步由教师主体向学生主体转变。在思政教学积极倡导以学生为主体的大背景下，各学校纷纷积极开发新的教学模式以改革取代旧的教师主导的教学模式。

（四）从教育机制角度出发

普通高校要想思政教育收获最佳效果，必须建立和实施完善、有效的制度机制。

1. 课程机制有待完善

大多数大学生的思政知识都来源于普通高校的思政教育课程。然而，有些普通高校并没有及时更新教材，也不能及时传达最新政策和会议精神，这导致思想政治教育和会议精神的内容传达不同步。高校必须将最新的马克思主义中国化理论成果及时融入教材，并贯穿在整个课程中，深入地影响学生的思想和行为。

2. 考核机制有待健全

普通高校的思政教师是开展学生思想政治教育的主要力量，因此需要建立更完善的考核机制来评价他们的工作内容和教育效果，以促使教师更好地开展教学活动并提高教学水平。当下，普通高校对思政教师的考核仍过于侧重学术方面的指标，比如科研项目和论文发表数量，而忽略了思政教师在育人成效方面的表现，以及他们自身思想素质和知识理论水平的考核。此外，普通高校缺乏有效的协同育人机制。目前，普通高校的思政教育任务主要由思政教师和辅导员教师队伍承担，但并没有形成全员育人、协同育人的局面，而且普通高校教育与思政教育之间的衔接和配合程度也不够紧密。

3. 网络化机制有待推行

随着时代的发展，网络已经成为当下社会不可获缺的信息传播工具，具有高效、迅捷、方便的教育特点，因此其已成为思政教育的重要媒介。网络不仅可以延长教学过程，还能增强教学的影响力。但是，网络教育在实施和监管方面还缺乏适当的措施和机制。相关调查结果表明，相当一部分大学生都不了解学校是否开设有网络思政教育平台。这说明在普通高校中，思政教育并未深入人心，网络思政教育平台只是一个形式而已，没有得到充分的使用和管理，也没有发挥促进教育成效的作用，学生对其接受程度和认可度相对较低。习近平在他的意识形态工作论述中特别强调了网络对于意识形态工作和建设的关键作用。因此，在进行普通高校思政教育时，需要更加密切关注网络的正面和负面影响。同时，除了善加利用网络外，普通高校的网络防御和舆情预警机制建设也要引起重视。现在，我国大部分高校都还没有形成系统的、科学合理的、有实效的高校校园网络监管机制，校园网络的管理力度还需要进一步加强。

三、传统文化融入高校思政课程的困难及原因

根据实际情况来看，大学生在思政教育中并没有充分利用传统文化资源。不管是在系统的思政教育课程中还是日常生活中，这个问题都非常突出。因此，我们需要深入研究传统文化在思政教育中应用不足的根本原因，有效制定解决方案，更好地将两者落实。

（一）课程结构设置不合理

高校为了适应科技的迅速发展以及各国专业技术的激烈竞争，普遍注重培养技能型人才，但此举导致了课程结构的不合理，忽略了学生的人文素养。此外，我国的中小学教育强调升学率，而大学则强调就业和实现个人发展，这种教育体制使得道德教育被忽视，许多高校的课程设置都不够合理。

1. 课程比例不协调

从现状来看，高校与中国传统文化相结合的思政课程较少，且课程分配不均衡，相关课程的涵盖范围也相对较窄。现在，绝大部分高校的教育目标主要集中在培养技能型和应用型人才上，强调学生的专业技能和实际应用能力；在学生人文素养和文化背景方面没有给予足够的重视。有些高校虽然设置了传统文化课程，但这些课程仅被视作选修课或通识课，而且数量逐渐减少。因此，并不是所有学生都能接受全面的传统文化教育，也是所有学生都有机会了解和学习传统文化。高校亦无法得知这些知识是否真正为学生所践行。

2. 课程内容较单一

就课程内容而言，思政课程中涉及的传统文化知识比较单一，教师在授课过程中也只是一笔带过，缺乏全面性。同时，有些教师在授课过程中主要着重于传授传统文化的某些特点，却没有对这些知识进行系统性的总结和整合，也没有将其融入其他相关课程中，这样一来就会使学生无法全面理解和消化，也无法激发他们学习相关知识的兴趣。

3. 教学手段陈旧

在当今快速发展的信息化时代，人们获取信息的方式与渠道不断创新，能够轻松获取来自全球的时事新闻。高校大学生渴望获取除书本以外的知识，单一和传统的教学方式无法满足他们的需求。传统教学模式无法提供直觉和感官层面的

体验。随着互联网技术的广泛应用，老师们也需要对于教学方法进行创新。尽管大多数老师能够使用相关课程课件，但实际上在授课过程中，这些课件的使用效果往往不佳，除了仅仅罗列和堆砌知识点外，内容也缺乏新意。此外，由于难以将知识点内容与视频、音频等相结合，学生不能够直观地把握教学内容，从而难以达到理想的教育效果。

（二）课程结合载体较单一

要在高校思政教育中有效地结合中国传统文化，必须借助多种载体和媒介，建立思政教育的有效联系，促进学生的全面发展。然而，在思政教育实践中，主体获取文化知识的渠道仍然非常有限，而且传播方式单一，难以与思政教育进行融合创新，很难取得实际的效果。

当前，高校校园活动涵盖了丰富多彩的内容，如社团运作、文艺演出、诗词朗诵以及各式各样的比赛项目等。这些活动丰富了大学生的生活内容，让他们在活动中充分激发自己的创造力和思维想象力。然而，在高校举办的各种活动中，涉及传统文化内容的活动数量和质量明显不尽如人意。即使举办书法比赛、诗歌朗诵、民歌歌曲等活动，也无法充分展示传统文化的卓越内涵，因此无法激发学生对其的浓厚兴趣和渴望。在某些重要的节日、纪念日以及传统的民族节日到来之际，一些高校未能很好地利用这些时机来进行相关的教育宣传活动，导致学生对一些节日和传统习俗只有表面的了解，而未了解其真正的来源和内涵。

（三）传统文化内容在校园文化建设中的体现不足

目前，许多学校尚未充分重视传统文化内容在校园文化建设中的重要性。也有一些学校已经意识到此问题的紧迫性和必要性，并将相关教育纳入文化建设计划，但在实际操作中仍存在理论与实践脱节的情况。包括以下几个方面。

1. 物质文化建设缺乏文化内涵

校园物质文化建设不仅代表着学校的外在形象，更是学校师生的精神品质和素养的体现。然而，一些高校的建筑设计没有综合规划，无法形成独特的物质文化气息。有些学校过分强调校园建筑的豪华和宣传语的独特性，而忽略了它们应该体现的精神内涵；许多展板和围墙上满是名言警句，但并不能真正与我国传统文化的深度结合；学校电子显示屏大都是通知公告和新闻的内容，对传统文化的相关内容较为疏忽，导致校园缺乏人文氛围。此外，有些校园建筑物和设施缺乏当地的文化和风格，很多学校的建筑在造型和布局上越来越相似。虽然中国六大传统建筑派系的建筑造型精美，各自独具特色，但实际上很少有高校将其运用到校园建筑中。

2. 精神文化建设缺失核心内容

长期以来，一些学校只注重校园的硬件设施和外观，而忽略了校园文化的内在价值，尤其是传统文化在精神层面的重要性。在当今多元文化的背景下，人们接受信息的途径也变得越来越多，网络环境也对大学生的精神世界产生了越来越深刻的影响。一些人可能会深陷网络，导致上课迟到、缺课，严重的甚至最终丧失学业。有些学生在学习上表现得比较差，缺少持之以恒的学习精神。此外，教育从业者方面，多数教师能够作为榜样传授知识，并遵守规定完成自己的授课工作。但有些教师仍需提高职业道德修养，单一的授课方式过于死板教条、贫乏与学生的互动不够，且课堂内容单调，致使学生对上课缺乏兴趣，从而很难达到理想的教学效果。最后，许多学校没有认真重视对学生的人文关怀以及校风建设。许多高校并未将中国传统文化的精华思想应用到精神文化建设之中，导致核心文化内容缺失，校园气氛消沉。

3. 制度文化建设迷失文化方向

若学校的制度建设文化迷失文化方向，对全体学生和教师的发展产生负面影响。因此，制度文化建设对于学校其他方面建设具有重要的作用。高校必须建立科学严密的制度体系，以确保各项工作有序推进，并推动教师和学生的共同进步。近年来，一些学校失去了自身的制度特点，没有明确制度文化发展的方向。有些高校在制定规章的过程中，没有充分考虑自身的实际情况，导致制度体系不够完善，甚至出现了与国家制度相冲突的情况。还有一些学校的运营机制存在问题，管理制度松散，执行过程中出现混乱，规章制度难以得到有效推进。此外，一些不良风气对高校制度产生了一定的影响。如消极的领导作风、利益至上等，都对校园制度文化建设产生了负面影响。

（四）师资力量较匮乏以及教师素养不足

高校思政教育在学生素质培养方面具有重要作用，师资力量不足以及教师素养不理想等现状，都影响了思政教育工作的质量与效果。就目前而言，学校的思政工作人员整体素质仍相对较低，需要不断加强师资力量。

一方面，从学校角度来看，教师队伍不仅数量不足，而且结构不够合理。教师兼职比例较高，造成专职教师人数短缺。大部分私立学校采用专职与兼职相结合的授课团队，以便充分使用现有的师资力量，从而在教学效率上取得较大的提升。但长期以来，兼职教师人数远超专职教师，而且专职教师之间的流动性也很大，很难建立一个稳定且高素质的教师队伍，也难以协调专职和兼职教师之间的比例。学校思政教育工作的推进还受到高校教师的年龄、学历和职称的影响。目前高校教师的年龄分布呈现出两个极端，中间层次的教师比例相对较小。就学历而言，许多高校缺乏高水平的人才，迫切需要吸引更多高级专家和学者，而且教授、副教授和讲师的比例不太恰当。还有一些学校教师欠缺科研能力，需要进一步提高科研创新水平。由于一些教师的教学负荷较大，需要花费大量精力准备课程、批改作业并进行日常授课，因此并没有足够的时间和精力进行科研或参加相关培训。

另一方面，许多思政课教师的专业素养还有待加强。首先，一些思政课教师的知识储备不充分。作为一名思政课教师，需要具备跨学科的知识体系，例如教育学、哲学、心理学等，可是大部分思政课教师的专业背景与研究方向仅仅集中于马克思主义理论，缺乏广泛的理论基础，在思政课程中运用这些内容也非常困难，教学有效性大打折扣。其次，教学方式过时。在传统的教学方式中，思政课的老师通常采用"理论灌输"的方式，授课工具单一，有些老师还在使用黑板写字的形式。随着现代大学生的学习和生活网络化程度提升，这种方式的转变对传统教育模式提出了更多的挑战。因此，教师应与时俱进，改变授课方式，采用学生容易接受的教学方法来进行授课。

最后，辅导员也是大学中备受重视的教师力量之一。就当前情况而言，全国范围内的高校辅导员年龄普遍较小，有些辅导员的资历相对较浅，对优秀传统文化和思政理论知识的了解也相对较少。在与学生交流时，无法有效融入文化知识和思政内容，难以实现高效的教育。除此之外，辅导员的工作任务繁重，除了负责党建工作、就业指导，还需要开展心理健康教育等。由于缺乏时间和精力，他们难以深入了解传统文化知识。

（五）高校校园文化环境建设创新不足

如果高校想要进一步发展，就需要加强校园文化建设，创造良好的校园文化氛围。在实际的建设过程中，高校必须考虑自身的特点以及精神文化内涵等各方面的因素，做出综合的决策。校园文化是教师和学生在教学实践中共同创造出来的一种文化，它包括学校内各种物质和非物质的文化元素，如规章制度、教学活动等，这些元素能够生动地展现出学校所倡导的价值理念和精神风貌。同时，也可以在学校内部对学生产生影响。要增强传统文化与思政理论课的教学效果，校园文化环境建设是一个必不可少的因素。

第二节 传统文化视角下高校思政教育的实践策略

一、加强高校思政教育理论课中传统文化的建设

（一）加强优秀传统文化课程建设

1. 优化完善中国优秀传统文化课程体系建设

（1）中国优秀传统文化课程的开展

在高等教育中，高校课程扮演着至关重要的角色，是受教育者获取中国优秀传统文化知识的主要途径。但是，当前很多高校的课程设置情况表明，我国传统文化的教育面临着进退两难的境地。国内许多经典著作还没有得到充分研究，一般人来说，这些著作不易懂，也不太有趣味性。所以，学校应当充分利用语文课，向大学生传授传统文化知识，同时加强其规范化和制度化的管理，以促进我国传统文化的发展。通过学习优秀的文化传统，大学生可以培养更为全面的思考方式，从而提升个人的修养以及分析能力。

（2）将儒家思想内涵渗透到课程体系建设之中

为开展大学生品德教育，学校应将儒家思想的精华渗透到课程体系之中，这种做法不应局限在某个方面或途径上，而应全面整合各种资源，让儒家文化和思想充分融合，从而实现培育人才的目标。当前，许多大学已经引入了"中国文化概论"等教学内容，这一举措对于弘扬我国传统儒家思想具有非常重要的意义。

但实际上,在实施教学课程中,教师很少讲解与儒家思想有关的教育内容。因此,在大学生的生活中,必须融入我国传统儒家思想并充分利用其中的文化资源,以发挥其教育作用。教师在上课时,可以将思政教育内容与中国传统的儒家思想相结合,这样不仅能够使思政课更加精彩纷呈、充满内涵,还可以为学生们提供更为全面的价值引导。

(3)基于媒体平台的基础,完成中国优秀传统文化和多媒体的结合

随着科技发展的迅猛推进,网络技术正在改变着人们的生活与工作方式,同时也为推广道德教育开辟了新途径和新方式。在这样的背景下,高校可以通过媒体平台推广和传承中华优秀文化。大学生是使用网络群体中数量最多的群体,因此,教师在利用传统文化教育资源时应该充分利用网络载体的价值。第一,随着网络时代的到来,培养人的能力以及塑造个性的任务变得越来越紧迫。这些问题与社会规范的灌输一样,是高校大学生思政教育中不可或缺的一部分。所以,教师必须将这两个方面有机地结合起来。大学教师可以利用网络作为教育平台,进行各种思想政治教育活动,帮助学生更好地掌握相关知识和技能。例如,设计多样化的网站,以中国优秀传统文化为背景,让学生们在浏览网页的同时也能够获得丰富的文化知识,激发学生的参与感、积极性和主动性。重要的是,教师在开展网上思政教育时应特别关注所用的语言形式,达到"以礼喻人、以情动人"的教学效果。第二,要充分运用微博、微信等平台的作用。越来越多的人喜欢使用新媒体,原因在于它的易用性和适用性。这种新型媒体为大学生提供了新的交流方式,而且与他们当前的心态相符。举例来说,高校可以为大学生们开设一些公共号,来介绍我国的传统文化,大学生在短暂的时间里学习相关知识,从中获益。此外,教育者还可以利用微信、微博等社交平台,分析当前大学生的道德问题和解决对策,并进一步推动高校思政理论教育活动的发展,拓展新的领域。第三,教师可以利用图书馆这一资源库来推广优秀的传统文化。比如,鼓励大学生利用图书馆的各种资料和阅览室提供的电子文档,来深入学习经典名著和人物传记等内容,吸取其中的精华,提高学生的思想道德素养,促进全面发展。

2.在教材中增加带有传统文化民族色彩的内容

在高校思政教育教材中添加一些传统文化内容,可以进一步提升教材的科学性和人文性,还能增强大学生的政治素质、思想品德素质以及法律素质等,这些

内容不仅可以丰富大学生的知识储备，还可以帮助他们更好地认识和理解自己的文化背景，珍视和传承传统文化。所以，各高等学校可以充分利用本地传统文化，汲取文化精华，编撰具有地方特色、饱含传统文化风韵的校本教材。思政教育教材贯穿着马克思主义中国化这一主线，马克思主义中国化涵盖了马克思主义和中国传统文化。所以，在编写校本教材时，教师需要探究如何将马克思主义与中国文化有机地结合起来，要善于发掘中国传统文化的智慧，以此来丰富马克思主义理论，在提升中国传统文化的价值的同时，推动马克思主义的发展。例如，以家国情怀为核心，培养当代大学生的道路自信、理论自信、制度自信，可以在教材中加入"天下兴亡、匹夫有责"等相关内容；为了提高当代大学生的生态文明素养，教材应该加入尊重自然、"天人合一"的理念，让学生领悟中国传统文化中的环境观；在社会主义核心价值观的推广方面，可以考虑在教材中引入中国传统文化中的"仁义礼智信"等概念，从而更好地引导学生处理个人与他人、个人与社会的关系。

（二）加强传统文化与思政教育融合的理论研究

1. 加强理论研究者的问题意识

只有重视社会现实并积极回应，理论研究才能得到源源不断的发展动力。在思政教育中，教师不仅要关注定义概念和理论体系，同时也要深入探究并详细阐述中国传统文化中的思政资源。更为重要的是，要分析处理人们在实际生活中遇到的问题，重点观察现实社会，并通过实证来发现问题和引入问题，以此确定切入点，同时不断拓宽学术视野。

2. 加强理论研究的认识高度

提高将传统文化纳入高校思想政治教育的认知水平。将优秀传统文化融入高校思政教育，这不仅是一种基础的教育教学方式，更关系到高校思政教育的创新与发展质量。高校思政教育的内容是"本土的"还是"国外的"；中国传统文化是否能够延续并流传，是否可以成为中华民族登上世界舞台的文化推力；等等。这些都是理论探究需要考虑的问题。

3. 加强理论研究的广度和深度

增强高校思政教育中优秀传统文化探究的广度和深度。传统文化在高校思政教育中的融合问题，目前仍处于初级研究阶段，尚未形成成熟的理论体系。因此，在未来一段时间内，思政教育工作者需要集中精力加强研究，完善相关理论。专家学者们应从传统文化融入高校思政教育的研究中，挑选一个具体方面进行详细的研究，以便更好地理解、阐述和传播这一方面的知识。此外，要拓展理论研究的范围，从多个角度去探究传统文化在高校思政教育中的融合问题，使研究更全面、更系统化，促使教师在实践研究中提出更多不同的观点，同时确保提出的具体策略具有充分的理论和实证支持，从而使得优秀传统文化真正地为实践服务。

4. 加强理论研究的创新性

在融合传统文化到高校思政教育中，教师需依据实际情况来进行创新，而不是套用以前的理论。传统文化本质上是古代社会文化，而高校思政教育传授的是现代先进思想，因此将传统文化纳入高校思政教育本身就是一种创新。创新不仅仅意味着在研究主题和角度上寻求新颖，还意味着要探索新的研究方法，以实现中国优秀传统文化和高校思政教育的有机结合。在构建大学生思政教育的课程内容方面，教师需吸取中华优秀传统文化的价值、品味、精神，以此培养大学生的社会主义核心价值观；在大学生思政教育体系的规划中，可以学习传统文化的价值体系，以建设符合中国特色的大学生思政教育体系；在大学生思政教育的方法论上，可以运用中国传统文化的思想，探索解决新问题和新情况的方法，进一步发挥现有优势，促进创新性的变革。

二、提升高校思政教师的传统文化素养

（一）提升思政理论课教师基本素质

1. 提高对思政教育的认识

目前，我国高校普遍存在重视理工科而轻视文科的倾向，思政教育课也在很多学校中不受重视。而思政教育本身也存在重马克思主义理论、轻思想品德修养的倾向。很多时候，不仅是高校不重视这种情况，而且是担任思政课的教师也对此不重视，只将其作为一般的教学任务来看待。这些问题显然是由各高校和思政课教师认识不足造成的。有的高校由于找不到合适的教师，所以思政课就不得不以大课的形式来上，一堂课常常是几个专业的学生坐在一起，甚至是几个系的学生坐在一起，在这样的课堂上，一来学生不能有效地理解思政课的知识，二来教

师和学生之间的互动交流也难以有效展开，教师根本不可能有效地了解学生个体的思政需求，不能准确地制订授课策略，只能用大而全的方式进行授课。同时，以这样的大课形式，课堂秩序也会很差，不愿意听讲的学生会通过各种小动作的方式排斥听课，教师也不能有效地维持秩序。

在这些情况下，思政课就达不到其本身的教育目的，其威信也会受到很大的影响。还有部分高校，在没有专门的思政课教师的情况下，会让学校党委成员或各系书记来授课，这是很难做到理论联系实际的，其效果自然就大打折扣了。

2. 提高思政理论课程的实效性和针对性

（1）要具备高度的责任感、紧迫感和使命感

学校要把加强和改进思政理论课，作为一项重要而紧迫的政治任务。高校思政理论课的教师一定要有高度的责任意识，要充分贯彻中央精神，充分和中央部署的高校思政理论课程设置新方案接轨，认真研读中共中央对于教材编写和审定的精神，尽快熟悉和掌握新课程的教学目的和基本要求，在各方面保证授课的质量。高校思政理论课的教师要认识到，做好思政教育不仅是对学生的负责、对自己的负责，更是对整个国家和民族的负责。

（2）要提高自身素质，促进大学生健康成长

思政理论课是为了提高大学生的思想素质和道德修养而设计的，思政教师想让学生有一定的道德素养，那自己首先就必须成为一个有着高尚道德素养的人。思政理论教师自身的言行、思想对大学生有着很大的影响，只有教师自身具备高尚的道德素养，学生才可能有同样高的道德素养；反之，思政课教师任何一点道德修养上的小缺陷，都可能给学生造成不可估量的影响。教师在教学过程中扮演着文化引领者的角色，提升教师整体素质的方法有两个：一是增强任课教师对传统文化知识的学习，使其更好地将思政教育和传统文化有机地结合到教学过程中，达到思政教育和文化传承的双赢；二是加强教师在传统文化素养特别是思政教育方面的培养，在日常授课中将传统文化和思想政治教育结合起来，增强教学效果。因此，高校思政课教师一定要努力提高自己的思想道德素质，平时的实践活动要符合思政教育的精神和主旨，只要是要求学生做到的，其自身就要首先做到。"喊破嗓子，不如作出样子。"榜样的力量是无穷的。思政教师应以身作则，自己带好头，在学生中间形成良好的风气。高校思政课教师应具备以下几项素质。

①要有过硬的思政素质

高校思政课教师要坚持党的基本路线和方针政策，在言行和精神上同党中央的精神保持一致，扮演好大学生思政领路人的角色，将一部分大学生从不正确的思想认识中解放出来，树立起正确的人生观、世界观和价值观。

②要有良好的职业道德素质

高校思政课教师在任何时候都要意识到，做好工作是自己的责任，做不好工作是自己的失职。同时，教师也要对工作充满信心，并用自己的激情去感染学生，在学生有困难时能够帮助学生，在学生迷茫时能够指导学生，在学生有疑惑时能及时给予学生解答，成为学生成才路上的真正指路者。

③要有丰富的理论业务素质

当下是知识经济的时代，高校思政课教师想教好学生，就要懂得"打铁还需自身硬"的道理，自己要做到思想与时俱进，紧跟这个时代，思维不能过于保守僵化，要随着事物的变化更新自己的观念。教师必须及时学习新的思想理论、教育理念，用新的理论和理念来提高自己的教育基础，探索新形势下最合适的教育途径或方法，为高校思政课的新局面打下基础。

④要有与时俱进的创新素质

当今社会发展很快，然而有些思政课的教师总是固守传统的观念、传统的教法，而不知道创新，这是不行的。教师在高校思政教育的创新中，要深入研究马克思主义的原理，认真领会马克思主义的基本立场、观点和方法；同时，又要结合当前我国发展的基本情况，对高校思政教育作出最新的阐释。遇到问题时，教师也要经常问自己"为什么"，并且梳理出之前问题的原因，这样做，不仅能给旧有观点一个呈现的机会，也是重新审视、归纳的一种处理方式。在此过程中，教师能够形成富有创意的思政教育策略。

（二）提升高校思政教师的传统文化素养

想要将传统文化融入高校思政教育，必须先提升思政教育从业人员的文化素养。在高校中，从事思想宣传和学生工作的老师，特别是思政理论课的老师，是促进传统文化融入高校思政教育的关键，为了提高这个队伍的能力，需要采用多种方式来加强培训，并提高教师的政治觉悟和专业知识水平，这是确保传统文化融入高校思政教育质量的重点所在。

从根本上讲，提高我国高校青年教师的思想认识水平，不仅要靠广大青年教师的不断学习，而且还需要相关人员不断改进高等学校青年教师思想教育工作的内容、形式与方法。从高校思政工作改革的视角来看，后者更为重要。为此，第一，高校要遵循教师成长规律，推进思政教育的深度和广度；第二，高校要提高青年教师思政教育工作的针对性与灵活性；第三，高校要建立青年教师思政教育的保障机制。目前的首要任务是加强教师培训，提升教师素养，拓展培训范围，以确保传统文化充分融入高校思政教育，满足总目标和总要求。高等院校和教育主管部门应该从政治的角度出发，重视培训高校思政教育师资队伍，积极加强教师队伍的建设，以下是几个可行的途径。

1. 传承传统文化，教师先学先行

在成为教育者之前，教师自身必须先接受教育。要让传统文化高校的思政教育更深入地融入，需要积极实行传统文化的"三进"计划，即让优秀传统文化"融入教材、融入课堂、进大学生头脑"；而要想有效地进行"三进"计划，就需要以思政教育工作者扎实的传统文化素养为基础。所以，要想在继承传统文化的道路上走得更远，教师需要先学习、先实践，并将所学所悟深深地铭刻于心。高校思政教育者应该全面、深入、彻底、富有活力地学习，以成为将传统文化融入高校思政教育的先锋和引领者。深刻理解是融入的先决条件。高等教育教师是促进中华民族伟大复兴的重要支柱，所以，应该将传统文化的传承贯穿于中华民族伟大复兴的整个历程之中，采取创新的态度和科学的方法，去验证实践传统文化的价值，利用马克思主义的观点和方法，解释学生在学习中遇到的重大理论，通过深入探究传统文化的精华和价值，更好地领悟事理、汇聚精神力量、发扬正气。成功的关键在于学习的有效性。如果能够巧妙地将传统文化与高校思政教育结合起来，并将其运用到实际生活中，那么理论就会更加实用，产生更充实的效果。

2. 组建教研学会，推进教师研讨

成立马克思主义理论学科教学研究会也有助于提升教师们传统文化的素养。进行全国、区域和校内的课程设置、教学内容、教学方法研究，不仅是建立教育教学体系的保障，更是培养教师、提升他们传统文化水平的有效方式。

3. 教师互帮互学，倡导集体备课

教师自觉发挥积极性，推动教学水平不断提高。将传统文化纳入高校思政教育是一项新的任务，同时也是一项关键性的基础工程。某些教师已经从事教学多年，他们不希望舍弃原本的课程来教授传统文化；而一些新任教师又不能满足教学要求。所以，学校应该采取多种方式激发教师的积极性和创造力，例如考核、晋升、奖励等措施，让教师更积极地传授传统文化，更加严格要求自己，并不断提高个人素质。为了保证思政理论课教学的一致性并防止出现自由主义倾向，应采用"集体备课、备教材、备学生、备理论"的方式，确保不管是专职或兼职、新教师或老教师的思政理论课教学，都能发出相同的声音。集体备课有助于教师之间互相启迪，并从中吸取教育经验和知识。尤其对于青年教师，有助于提高他们在传统文化教学方面的水平，提升教育教学的质量。高校应积极宣传团队协作精神，利用集体的智慧和优势，增强教师的学术意识，创造有利于科研的环境，以提升教师的科研水平，最终提高其教学水平。

（三）加强科研与教师队伍建设

研究中国传统文化与思政教育需要教师和研究者具备两方面的专业学术能力：一是扎实的中国传统文化知识和技能，可以运用中国哲学的研究方法来解释传统典籍，并准确分析古代中国文化思想的本质，避免出现笼统或不相关的观点；二是在进行思想政治教育时，必须熟悉其原理，并时刻关注党的方针、政策和路线，同时坚持用马克思主义原理来进行传统文化研究。想要取得高质量的成果，研究者必须具备这两方面的素养。然而目前在中国传统文化融入高校思政教育中，真正能同时达到这两方面要求的学者少之又少，这也是目前相关研究领域存在的一个重要难题。因此，我们必须加强这一研究领域的科研与教师队伍建设。

三、在校园文化与社会实践中渗透传统文化

（一）增加校园文化建设中的优秀传统文化元素

1. 重视将传统文化融入校园文化

在校园建设中，校园基础设施是实物文化的重要组成部分。它涵盖了校园的建筑外观、布局结构等方面，直接展示了学校的文化属性。首先，可以将传统文化元素融入学校主体建筑，如在学校教学楼、寝室等建筑中加入中式风格以营造传统文化氛围，让学生能够深刻体验传统文化所蕴含的设计美学。另外，可以

选取一两个教学楼进行改造,将其打造成为传统文化教育基地,为学生提供更为具体的接触和学习传统文化的机会。其次,可以通过合理布局建筑、人文和植物等来打造校园景观环境,以展现中国传统文化中强调的天人合一的理念;也可以在学校校园内设置雕塑,以纪念中国古代伟大的历史人物,比如伟大的教育家孔子、爱国将领岳飞。除此之外,还可以打造一些富含传统文化特色的景观,例如亭台楼阁、回廊等。最后,可以在教学楼或寝室楼的走廊,或者校园的公告栏中添加著名传统文化人物的事迹和名言,以此将传统文化元素融入校园的方方面面。

2. 重视开展与优秀传统文化相关的各项学生活动

校园活动有助于拓展学生的视野和丰富学生的课余生活。通过参与校园活动,学生们可以展现出自己的才华和魅力,结交更多志同道合的好友,增加知识储备,培养团队协作、沟通交流等能力,加强意志力的锤炼。高校思政教育应当进一步利用校园活动的方式,激发学生学习传统文化的热情,使传统文化教育得到加强。一方面,华夏文化历史悠久,学校可以从传统文化节日出发,举办相关纪念活动,让学生了解各节日背后的文化形态与起源,加深对传统文化的认识与领悟。还可以安排一系列国学讲座,邀请传统文化领域的专家和学者到校园为学生和教师开展传统文化内容的演讲,让学生积极互动交流。学校可以通过开展经典文化演说竞赛、知识竞赛等,为学生提供体验和学习传统文化的机会。另一方面,学校还可开展多样化的文艺演出,如舞台剧等,以展现传统文化。也应该定期带领学生走出校园,前往历史博物馆和文化馆,以此感受传统文化的深厚魅力。

(二)打造传统文化与社会实践融合的共享平台

1. 积极营造良好的中国传统文化氛围

从几千年的历史发展过程中看,任何国家和民族在任何时代的文化建设,都要建立在重视和弘扬自己传统文化的基础上。不重视和弘扬自己的传统文化,就等于丢掉自己的根、自己的魂,最后会变得像无头苍蝇一样,找不到发展的方向。作为中国传统文化教育的领导者和推动者,国家和政府要在思想上高度重视中国传统文化教育在全社会的推广工作,以及对中国传统文化资源的挖掘和运用,在全社会开展丰富多彩的中国传统文化活动,同时,加强传统文化教育的规范化建设,制定相关制度并落实,以确保传统文化教育得到更好的普及,如完善领导体制、规范规章制度、加大经费投入等,以确保中国传统文化教育活动能够在全社会得到持续、稳定地进行。

在具体实践层面,相关部门应该加强我国非物质文化遗产的保护与推广工作,完善法律法规和制度、提高全民文化保护意识、弘扬传统文化的社会风气和良好习惯;可以在学校、机场、码头等公共场所,用标语、图片等形式展现中国传统文化,从而扩大传统文化的影响力。这样,人们在融洽的传统文化氛围中,可以随时接受传统文化的教育,领略传统文化的魅力;高校可以组织以传统文化为主题的活动,使传统文化走上艺术舞台,并在无形中促进人们对中国传统文化的了解,最大可能地开放相关资源,使越来越多的人走向文化舞台、亲近传统文化。只有全社会都形成正视、重视中国传统文化的良好氛围,才能使传统文化更好地融入思政教育,中国传统文化与思政教育的融合,就不仅是应然之态,更是实然之举。

2. 积极开展社会实践教学

要想使思政理论课教学取得实效,高校就应该将课堂教育和社会实践教学结合起来,在实践中,让大学生们去主动认知、践行中国传统文化中的思想美德和优良道德。传统文化的实践体验能从根本上改变人们对教学教育的认识,因为教育本质上是一种文化现象,脱离了文化的教育只能是苍白的、乏力的。

今天,在全球信息化的背景下,西方文化和网络文化等多种文化的影响,不同思想和价值观的浮动,都会给大学生的道德情感、价值观念、精神追求带来挑战,思政教育的任务因此变得更加复杂和艰巨,教师需要找到方法加强大学生的文化自信和价值观自信,巩固其思想和道德基础,以此应对未来发展的挑战。

开展传统文化教育,立足于传统文化,有利于改变思政教育脱离传统、脱离生活的弊端,且能够为思政教育提供丰富的资源。传统文化体验或实践教育,实际上是使学生和社会生活衔接在一起的教育,学生在参与中容易产生情感上的认同,实现精神上的升华。审视传统文化教育,需要从多个方面着手,包括考虑时代、传承和个体需求三者的关系,明确传统文化课程和教材的价值和定位,使学生在现实体验中深度领悟文化精神和生活实践的关系。而传统文化实践的形式也是丰富多样的,例如,在端午节时,通过组织学生包粽子、佩戴香包、折纸龙舟、编五色线等,纪念屈原,引导学生体会其忧国忧民的爱国精神和伟大的家国情怀,同时感受传统节日的文化魅力。此外，各个高校也应鼓励大学生自己参加一些社会实践，从思政教育的被动接受者变为主动参与者，甚至是主动传播者，使他们懂得践行优秀思想道德观念的意义。同时，很多高校还可以此为契机，与实践地区的政府、企业或乡村建立实践关系，使传统文化的传播活动日常化。高校可以在当地建立文化讲堂，鼓励教师带领学生团队，将"文化下乡"常态化、团队成员梯队递次化，让学生在文化的讲述与传播中，深刻领会传统文化的魅力与内涵。在实践的过程中，高校也可以积极引导学生参与关于中国传统文化或各地区非物质文化遗产的搜集整理和调研工作，通过实地社会调研，助力中国传统文化的传承、保护和推广工作，并通过一系列研究和教学增强学生对传统文化的认识，挖掘优秀传统文化的价值与意义，并根据实际情况提出合理化的建议，为传统文化的传承与传播作出应有的贡献。

总的来说，在将中国传统文化融入高校思政教育的实践中，高校要充分利用各种传统文化的资源，搭建各级各类社会实践平台，使学生在教师的指导下，能够将优秀传统文化的学习和实践入脑、入心，同时结合传统文化中蕴含的积极向上的内容，全方位地引导大学生，在学习传统文化知识、体验传统文化仪式、分享传统文化精髓、认同传统文化魅力、增强传统文化自信、传承传统文化正能量等方面，使大学生有所习、有所悟、有所思、有所得、有所鉴，从而形成正确的思想道德观念，正确的世界观、人生观和价值观，进一步提升人文素养和文化领悟感知能力，成为中国优秀传统文化的忠实传承者和弘扬者。

四、充分利用媒体手段促进传统文化与高校思政的融合

（一）新媒体的特征和作用

"媒体"这一名词最早出现于19世纪末20世纪初，起源于拉丁语"Medium"，有媒介的意思。媒体和媒介这两个词，有一定的差别，媒介是整体的抽象名词，而媒体则是个体的具象名词。这里讨论的媒体有两种意思，其一是能够储存信息的实体设备，如我们常用的光盘、计算机的硬盘；另外一种是传播信息的载体，如表现信息的文字、视频。媒体不仅是直接向接受者传递信息携带通信符号的物理实体，还包含其传递给接受者的所有内容。

第五章 传统文化视角下高校思政教育的实践

新媒体的快速发展，改变了人们的生活、交流方式。与传统媒体相比，新型的网络媒体具有整合性和立体性等特征。在传播形式上，传统媒体只能把信息进行平面化处理，或者只能以某一种形式展示信息，比如书法作品，纸质媒体只能以文字形式介绍作品内容、背景以及相关知识等；电视媒体可能更丰富，但也只是看起来更直观罢了。而网络媒体既可以整合上述两类形式，又可以围绕核心，增加无数链接，构建知识网络，将不同形式的媒介信息整合在一起，满足受众多样化的需求，带给受众前所未有的感官体验。这种多形式信息的融合，使原本单一的内容有了多维度的展示空间，这就为传统文化的创新发展提供了有利条件。就个人使用而言，新型的网络媒体提供了展示个性的空间和载体。利用微博、微信公众号等平台，每个人都可以进行具有个人特色的展示，这种展示简单易行，而且传播广泛，也可以在受众群体中产生深刻的影响。

现在活跃在微博上的"网络大V"，就是新媒体传播力的最好例证。所谓"网络大V"，V指经微博个人认证获得的身份标识，网络大V指拥有粉丝在50万以上的微博用户。这些大V，有的是业界有影响力的学者，有的是行业里的翘楚，当然也有普通人，因为他们在某一方面有突出表现，被受众接受认可，逐渐发展成为大V。这部分人的影响力非常广泛，他们所发布的信息，往往有几十万上百万的传播量，这种影响的广度和传播速度非常惊人，往往在短时间内就能成为社会广泛关注的对象。这就是新型网络媒体的力量。

具体到高校工作领域，网络媒体的力量更加突出。作为青年人聚集区，高校是网络媒体使用最广泛的领域，青年学生是最喜欢使用网络媒体的群体，课堂上放不下手机，就是这种情况的反面例证，这样的现实情况，也对高校进行思政教育提出了新的要求，如何抢占网络教育阵地，成了所有高校共同面临的问题，各高校应该抓住这一难得的历史时机，把握技术发展给文化传播带来的机遇，同时迎接技术时代带来的挑战，勇于转换思路，善于把握时机，敢于开拓创新，充分借助网络媒体的传播力量，将中国传统文化的传播推向一个全新的高度，成为青年学生喜闻乐见、触手可及的生活学习内容。

1. 新媒体为传统文化的传播提供了历史机遇

中国传统文化历经岁月的千淘万漉，形成了一套非常完整的社会思想道德规范体系，其本身包容汇通的特点，使得这套体系不断凝练、整合、更新，所包含的道德规范、思维方式和价值体系，不但有很强的历史性和遗传性，而且还有鲜活的变通性和现实性。中华民族传统文化内容丰富、博大精深，是中华民族最为珍贵的精神财富。在我国的传统文化的熏陶下，铸就了我国辉煌的历史。然而，随着社会的进步和生活节奏的加快，经济追求成为主流内容，许多传统文化内容逐渐被人淡忘，甚至被当成过时的内容而被摒弃，社会风气越来越浮躁，价值标准越来越模糊，个体行为越来越缺乏内在指导，生活中开始出现越来越多令人唏嘘的"缺德"事件。这种情况的出现，是时代发展带来的必然结果。从整个历史发展进程来看，每个不同的历史阶段，社会文化都有不同的特点特性。中国传统文化发展的过程也出现了这种情况。

在现代社会，人们若要重视传统文化的传播，就要把握时代特点，使其与现实情况相结合。在以电视媒体、纸质媒体为主流的时代，进行传统文化的宣传和传播，要选择与社会相符的方式。那么，到了新媒体时代，传统文化的传播和宣传，难道不应该体现新媒体的特点吗？事实已经证明，新媒体的传播速度和广度，绝非传统媒体所能相比。我们在现代传播传统文化，要借助新媒体的力量。要在把握传统文化特质的前提下，坚持文化传承，积极运用新媒体，对传统文化进行内涵意蕴和价值取向的创新传播，充分展示中华民族传统文化的自尊、自信，体现传统文化历经千年而不改其内心的生命力，明确表达传统文化包容开放、与时俱进的发展力，积极挖掘传统文化符合时代特点、推动社会发展的新动力。需要抓住新媒体的黄金发展期，通过将传统文化的宣传场地从传统媒体转向新媒体，让更多人感受国家弘扬中国传统文化的决心，对和谐社会的建设起到重要的促进作用，帮助我国更加稳定地实现社会转型。

2. 新媒体提升了传统文化传播的准确性

从媒体的运作形式来看，传统媒体形式相对单一，而且因为行业规范建设的要求，在内容设定上有特定的规则约束，不能随意更改。这种特点，在赋予了传统媒体权威的同时，也造成了形式单一、相对呆板的弊端。在传统文化传播中，传统媒体如公益广告、文化宣传类节目等，虽然收到了很好的效果，但也缺乏明确的目标，只能进行无差别覆盖式的传播，无法做到分类覆盖。而且，公益广告的循环播放并不能引起观众的共鸣，频繁播放会反而导致观众产生抵触情绪。新媒体的重要优点就是精准地投放内容，通过大数据手段，准确地将受众按照职业、年龄、性别等特征进行分类，并根据其特征制作相应的宣传内容。这样，合适的宣传内容能够精准地投向受众，从而大大提高他们接受宣传信息的程度，还能够唤起目标受众的共鸣，使文化的传播不仅仅流于形式，更能真切地影响到每个人。这种传播方式的创新，目的在于进行创造性的转化，让传统文化在新时代展现出新的生命力，体现传统文化的传承、发展与超越，这不是内容和原则的改变，不能以彻底地颠覆传统文化趋向为目标。要对传统文化进行辩证分析和科学扬弃，注重挖掘传统文化中的现代启蒙意义，探寻传统文化与现代文化的结合点。

3. 新媒体提升了传统文化传播的交互性

媒体具有交互性的特点，从传统媒体时代开始，这种交互性就已经存在了。如报刊的群众来信、编辑人员与读者的交流就是传播者与接受者的互动；电视、广播中的观众或听众连线，也是受众与主持人、电视台或电台的互动。但是由于时间、空间、技术等各方面因素的制约，传统技术条件下的交互性不能得到充分体现。观众连线往往有人为设计的情况，真实性不高。这些交互行为不能起到很好的效果，更不用说有益的作用了。而随着新媒体时代的发展，这种情况得到了显著的改善。中华文化有着悠久的历史，由远古至今，涵盖广博，声名远扬。文化是一个民族久远积累而形成的态度和信仰，犹如一座名闻遐迩的古迹，随着时间的推移，其价值日渐凸显，如扎根于土壤深处、枝叶茂密的千年古树，在这棵巨树上，所有现代文明都可以获得成功嫁接。积极传播中华民族优秀传统文化，有利于大学生深入了解其内涵，进而延续、传承传统文化，提高个人素养，养成良好的行为习惯，树立正确的观念。只有敢于承担责任、积极履行义务，拥有崇高的品格，才能成为杰出的人才。目前，不论是年轻人对体育娱乐明星的崇拜，还是草根网红们的趣味与创意，都是新媒体所具有的突出交互特性的结果。在互联网时代，公众人物可以随时利用网络与大众进行互动，大众也可以迅速获知他们的最新情况。因此，公众人物不再是高高在上、不可触及的了，而是走下神坛的身边人物，这种变化将公众人物的魅力提升到前所未有的高度。比如，有些活动仅仅通过微博这一媒体，每日的评论和转发量就是数以亿计，这种影响是难以想象的。这种交互性带来的惊人影响力，已经体现在了社会生活的方方面面。这对传统文化的传播，有极大的提升力和推动力。

4. 新媒体为传统文化传播提供了多样的形式

新媒体技术能够使交流方便快捷，并创造一种活跃、轻松、愉悦的交流氛围，感染和激发大学生的求知欲和想象力，使教育内容变得生动有趣，使学生在形象、生动、直观的情境中升华思想，在图文并茂、声情融汇的语境中获取教育信息，最大限度地调动学生获取信息的主动性、自主性和参与性。表现形式相对单一是传统媒体在中国传统文化的传播上受到阻碍的原因之一。自广播、电视代替报纸成为主要媒体走进千家万户，传统文化的传播经历了短暂的繁荣期后，人们的资讯获取方式便从传统的文字媒体时代进入了影像时代。当人们沉醉于广播电视技术带来的视听盛宴时，传统文化的宣传形式也适时地进行了升级，越来越多的公益广告、文化类节目、公益晚会进入了人们的视线。在这个阶段，传统文化推广的转型是十分恰当的，取得的成效也是十分显著的。但目前，各种媒体的调查报告都显示，广播电视等传统媒体的观众数量正逐年降低。致力于传播中国传统文化的工作者来说，应该清楚地认识到技术更迭的历史必然性，以及改变传统文化传播形式的关键时间点。新媒体不仅可以提供传统媒体所能提供的一切表现形式，而且还可以提供互动App、资源点播等，使传统文化传播的质量更上一个台阶。

（二）新媒体时代思政教育的新特征

在信息时代，由于高校思政教育内外的技术基础和生态变化，高校思政教育实践正在发生重大变化。网络媒体的出现、信息传播和交互使用的便捷化，能够为高校思政教育工作提供新的工作方式和形式，这无疑是思政教育工作面临的新的机遇。但是也要充分意识到，这种新情况势必会带来新的变化，从事思政教育的人员在新媒体环境下，要进一步认识高校思政教育的新特点，以培养人才为根本目的，准确把握新时期高校思政教育的发展趋势，明确信息化条件下高校思政教育中存在的各种矛盾和关系，提出有针对性的对策和措施，这是保证思政教育取得实效的必然要求。

信息网络既是一种载体，也是一种环境，是人类现实外延的虚拟存在和生活方式。交往活动是高校思政教育关系的根源。从信息交流角度看，高校思政教育活动是教育者与受教育者之间的互动。在教育活动过程中，两者由教育介体联系起来，形成"主体——客体——主体"的人际关系。信息交流的变革与转型，是高校思政教育发展变化的条件。高校思政教育主体间转型的前提是高校思政教育内外生态环境的转变。随着信息技术的飞速发展和广泛应用，高校思政教育中的主体与客体的交流已经从虚拟互动转变为社会互动。在信息交换实践创造的新的内外部教育环境的基础上，高校思政教育应以虚拟哲学与现实哲学的结合为指导，以促进思政教育的发展教育实践。从信息交流与实践的角度看，高校思政教育要充分运用新的技术手段，营造良好的教育环境，充分发挥信息技术优势，更广泛、更快速、更深入地推进高校思政教育手段和方法的改革和发展。要准确把握新媒体时代高等学校的主客体动态，及时客观、认真地评估教育主体和客体的思想和行为，适时调整教育观念、教育内容、教育方法，不断增强教育的亲和力、吸引力和凝聚力。新媒体环境下的高校思政教育是伴随着信息技术的发展和应用而形成的思政教育的新概念和新模式。它不仅是一种基于信息网络技术的思政教育，也是帮助人们正确认识、宣传和创造信息的途径，其目的在于充分利用信息技术发展带来的优势，力求使每个大学生都能成为具体信息人。

1. 主体之新

高校思政教育的主体，即教育者，是按照一定的社会要求，有目的、有系统、有组织地对教育对象产生教育影响的个人或团体。新媒体环境下高校思政教育的主体是利用信息技术灌输引导受教育者或教育对象的人或群体，因为每个使用信息技术的个人或团体都可能成为教育的主体，新媒体环境下高校思政教育的主体规模不断扩大和延伸。新媒体在为大学生提供学习和交流的新工具和新平台的同时，也为思政教育工作者开通了更多了解学生思想状况的渠道。从新媒体信息容量大、资源丰富、传播迅速、交互性强、覆盖面广、形式多元等优势来看，新媒体为促进思政教育内在效果的实现提供了机遇。在交往的角度上，思政教育的主体在高校是传播教育信息的守门人，能够创造、监督和控制网络信息，具有信息传播者和思政教育者的双重身份。但是，新媒体环境下，高校思政教育的主体往往没有具体的身份，甚至不被称为"教育者"，而且他们自己也有非主观的特征。教育主体在教育过程中往往不采用"说服"，而是采用"选择"和"引导"方法，这是新媒体环境下的教育形式与以往传统教育形式的区别，没有了面对面的交流，没有了口耳相传的认同，没有了直面彼此的密切，教育主体要想使对方认可自己，仅仅靠道理的阐释是无法做到的，只能设法通过展示形式，取得对方的认可，然后通过自我的审定，引导对方选择自己想要传达的内涵。在新媒体环境下，高校思政教育中的主客体有同样的地位，没有等级关系，因此，教育主体要更具亲和力和人情味，不能再有高高在上的姿态，更不能简单地采用说教的形式，只有把自己置于与受教对象同等的地位，体会对方的感受，了解对方的需求，才可以提高学校思政教育的有效性，达到双方认同的效果。

2. 客体之新

高校思政教育的受教育者，指接受思政教育的对象。以前的思政教育中，对象是明确的、易于把握的，就是参加教育活动的青年人。但到了新媒体时代，高校思政教育工作的环境发生了很大的变化。这种客体组织与原来的组织相比，边缘更加模糊。也就是说现代青年参加思政教育工作，不再是单纯地被动听取，因为新媒体时代信息手段的发展和进步，人人都可以成为信息的使用者和发布者，在互联网时代，青年人更熟悉网络运行规律，他们根据自己的喜好来选择想要的信息，没有外力能强迫他们作出选择。从这个意义上来说，教育客体并不是一直是客体，在某种情境下，客体也会变成信息的发布者和实行者并对主体施加影响。这对新时代思政工作提出了新要求，也增加了工作难度。在新媒体环境下，高校思政教育主体与客体的关系，呈现出以下明显的特点：一方面，受教育者或教育客体通过信息网络积极发挥其主体性，表达自己的主体性意见和建议，从而成为教育的主体；另一方面，教育者或教育主体发挥其客体性，利用信息网络寻找自己的知识和信息需求，理解和接受有关的理论和思想。新媒体视野下的高校思政教育主客体，应立足于信息交流的实践，发掘信息价值，通过及时的交流与互动、主客体之间的对话，实现双方的有效沟通、交流和发展，有效教育主客体的地位更为平等，沟通变得更加及时、快捷。

3. 环体之新

高校思政教育的整个环境就是教育环体，是影响高校思政教育进程的一切内外因素和条件的总和。现在的高校思政教育环境和以前的教育环境有着诸多不同，新媒体时代下，信息繁杂，信息传播速度快、传播时间短，信息共享度高，互动明显，人们能做到实时沟通。在新媒体时代，由于新媒体技术的广泛运用，现实生活中的每一个人既可以成为一个传播载体或消息源，又可以成为一个受众，传播者和受众的角色大多是虚拟的，信息交流的双方均由未知的符号代替，这使得新媒体信息变得复杂多变，体现虚拟的人际关系。这种虚拟性虽然大大弱化了门户对消息的控制，但对加强大学生思政教育来说也不失为机遇。在这种环境下，高校思政教育环体呈现出共享性强、互动性强、沟通便捷、信息海量等新特点。整个环境成为一个相对透明的公众信息交换平台，所有置身其中的人，都可以按照自我的需求，进行信息传播和交换。新媒体时代，人人都成了媒体的主人，都可以通过自媒体进行信息发布、转换和传导；学校只能引导和把握发展趋势，不能通过行政手段进行直接的管理。这就要求我们把握新形势下的思政教育的新特点、教育主体和教育客体的新特点，注重系统整合思政教育资源，全面把握和形成高校思政教育的合力，加大对主流价值观的传播力度，提高大学生的思想道德素质，增强高校思政教育的实效性。

4. 介体之新

高校思政教育介体，即教育内容和教育方法，指的是在一定的教育环体中，教育主体是用来影响教育客体、对教育客体进行主流价值观念灌输与引导所使用的各种方式和手段的总和。信息化使高校思政教育传播速度加快、范围变广。互联网的广泛使用，使交互式远程教育成为常态，教学不再受空间和时间的局限，这些特征为新时期高校思政教育提供广泛的传播渠道。在信息时代的大背景下，高等教育空间已经成为一个开放的、全民教育的新区域。在海量信息充分交换的条件下，高校思政教育呈现出新的特点：更多样化的新媒体技术使高校思政教育的内容从平面成为立体、从静态成为动态、从单向成为多向，教育主客体之间相互转化、共同发展的包容性空间由此出现，能够承载更多样化的需求。这种多维度的传播方式，使高校思政教育的内容更加丰富和全面，参与双方都有了更多的选择。这也给新时期思政教育提出了新的要求，教育者要在教育过程中注重信息技术的科技价值属性与人文价值属性的融合，使教育内容不断更新调整、教育形式不断与时俱进，要使高校思政教育根据实际需求不断更新形式，更加生动活泼，更加有利于思政教育的改进，从而提高思政教育的针对性和有效性。

（三）新媒体环境下的融合手段

随着互联网的快速发展，人们已经进入全民移动互联时代，网络成了人们生活中不可缺少的重要内容。智能手机应用的功能越来越强大，各种应用程序渐渐走进人们的生活。这些种类繁多、功能超强、简单易用的应用软件，对现代人的生活学习需求进行了全方位、多层次的覆盖。这种几乎无所不包的覆盖，对传统生活模式有着颠覆性的影响。新媒体盛行的时代，传统媒体的影响力正在逐渐减弱，其传播力度、广度、深度，都难以与新媒体相匹敌。新媒体在促进传统文化与高校思政教育相融合的过程中，也对思政教育工作者提出了新的要求。

第一，新媒体技术的多元化，要推动大学生思政教育转变教育观念，创新发展理念；第二，新媒体技术的信息无序性，要求大学生思政教育要加强正面引导，注重舆情监控；第三，新媒体技术的主客体平等性，要求大学生思政教育要坚持以人为本。

在新媒体时代，大学生思政教育应该以创新的发展理念为中心，培养大学生的创新思维、创造精神和实践能力为目标。教师利用互联网、移动设备等新媒体技术，开展多样化的思政教育活动，如线上讲座、微信公众号、短视频等形式，以满足大学生多元化的学习需求；强化实践教学，培养创新能力，通过社会实践、创业实践、科技创新等方式，鼓励大学生勇于尝试、勇于创新，培养大学生的实践能力和创新创造能力。

新媒体时代，大学生应该具备辨别信息真伪、判断信息价值的能力。思政课程可以加强对信息素养的培养，教授学生如何辨别虚假信息、如何利用新媒体获取可靠信息，以及如何理性评估和使用新媒体传递的信息。教师应该鼓励大学生积极参与新媒体平台，主动发表正面、有价值的观点，引导学生在新媒体上发布高质量的内容，如优秀的文章、演讲、照片、视频等，培养他们的创造力和表达能力，以及提高他们在新媒体中的影响力，进而正确引导其他人。思政教育应该培养大学生的批判性思维，教导他们客观地分析新媒体中的信息，并对其中的不良影响提出质疑。

在新媒体时代，大学生思政教育应该体现教育主客体的平等关系，以及以人为本的原则。在教育过程中，教师应该尊重学生的知识水平、思想观点和人格尊严，让学生有发言权和表达机会，通过双向交流和互动，推进教育主客体之间的平等关系。新媒体时代，教育方式已经发生了巨大变化，大学生思政教育也需要保持多元化的教学方式，教师可以通过网络课堂、微博、微信等新媒体平台，开展在线教育，让学生在自己的时间和地点选择适合自己的学习方式，提高学生的兴趣和参与度。思政教育应该注重学生的个性化需求和潜能的开发，教师应该根据学生的特点和兴趣，设计个性化的教学资源和活动，让学生在实践中体验、感受和理解思政教育的内涵。

第三节 传统文化视角下高校思政课程的实践案例 ——以儒家思想为例

一、儒家文化融入高校思政课的教学方法

（一）落实因材施教的理念

春秋时期，为了改变过去士大夫阶层控制着教育资源的局面，孔子设立了"私塾"，为社会底层中的有志青年提供教育机会。在自己的施教过程中，孔子很注意对学生的个体培养。因此也就留下了"弟子三千，贤人七十二"[1]的千古美谈。

目前我国高校的《思想道德修养与法律基础》是一门融思想性、政治性、科学性、理论性、实践性于一体的理论课，也是一门体现素质教育的"修养"课。对于"因材施教"在《思想道德修养与法律基础》课中的运用，一方面，教师要依据教材的内容进行教学；另一方面，也要抓住学生的特点和教学规律来教学。

首先，《思想道德修养与法律基础》课包含道德教育，而道德教育是一种观念教育，也是无形的教育，没有强制约束力，因此教师在融入儒家文化的时候，必须整体把握儒家文化的体系，把儒家文化中一些具有鲜明的时代特点、对学生具有强烈促进作用的儒家文化内涵，运用到教学之中，使学生在学习的时候，能够产生一种文化认同感，自觉接受儒家思想的熏陶和洗礼，从而实现道德塑人的目的。

其次，教师要抓住学生的特点，运用相应的教学手段，除了认真分析教材的特点之外，还要关注学生的个性特点。从心理学的角度进行分析，个性是一个多层次、多侧面、多功能的结构，个性差异不仅表现为性格、气质、能力、行为倾向等方面的差异，也表现为个体理想、信念、自我认知方面的差异。因此作为教

---

[1] 苟正安. 诗述中华史[M]. 北京：中国书籍出版社，2021：39.

师，必须在充分认识学生的身心特点和规律的基础之上，采取与之相适应的教学手段，方能实现育人的目的，而不能"一刀切"，更不能戴"有色眼镜"区别对待学生。在教学手段上，教师应依据现代教育学理论，适应多变的教学策略，按照学生的能力、层次和风格，以教材为本，熟练运用教学技巧，使教学具有针对性。另外，学生也要及时更新自己的学习观念、学习态度和学习作风，根据具体的教学实际，采取积极的应对手段，提高自己的学习效率。《思想道德修养与法律基础》课，教师在注重学生道德教育的同时，一定要结合学生的实际，尤其要注意家庭因素在道德教育中的影响力。由于家庭是个人教育的起点，个人道德观的形成很大程度上受到家庭出身的影响。对同一个事物，不同家庭背景的学生所持的观点是不同的，有时甚至是颠倒的。因此作为思政课教师，一定要依据学生的家庭状况、经济实力，引导学生树立正确的价值取向。

（二）采取寓理于情的手段

情理结合的教学手段，在儒家思想里表现为仁智统一。"仁"是儒家的人文情怀，"智"是儒家的理性认知。要实现学生理想情感的升华，《思想道德修养与法律基础》课教师可以采取以下几种方法。一是形象教育法，也称榜样教育法，借助具体的、直观的事物形态或者典型事件、模范人物对学生形成感染，激发学生对理论的理解和把握。二是艺术教育，也称艺术感染，即利用文学、舞蹈、戏剧、电影、电视等文艺作品的欣赏活动、评论活动和创作活动影响和感染学生。用艺术教育的形式，对人施以感化，是一种寓教于乐的教学手段，这种手段主要通过欣赏某种艺术的形式，引发人们的想象力和创造性，培养鉴赏辨别能力和审美情趣，陶冶道德情操，并树立正确的世界观、人生观和价值观。艺术教育对于《思想道德修养与法律基础》课教学而言具有深刻的意义。举个例子，在理想信念教育中，可以播放"红色电影"或者青春励志电影，让大学生理解如何树立人生理想，如何实现人生抱负，如何创造人生价值。三是群体感染，由于人是社会人，置身于各种人际交往之中，因此会形成不同的群体。每个群体都有自己的活动宗旨和组织原则，这些宗旨和原则对群体中的成员具有约束力和强制力，如校园中的各种社团、学生中的团组织和学校的党组织等。这些群体为了发展和壮大，会形成共同的行动纲领，而这些纲领都是具有道德属性的。因而，个体加入群体之中，就会自觉地接受群体的规章制度，从而在无形之中优化自身的性格和行为，懂得如何根据需要转变角色。以集体主义教育为例,《思想道德修养与法律基础》课教师应注重对学生荣誉感的培养,让学生明白"一荣俱荣,一损俱损"的道理,并热爱自己的班集体,为班集体的荣誉而努力提升学习水平,要将"竞争意识"作为道德修养的重要手段,让大学生领悟到,个体的道德水平不只是自己的事,更关乎整个社会的发展要求。

(三)实现教学手段多样化

礼乐并行是儒家道德教育的主要内容,也是道德教化的重要手段。其意义在于将道德礼仪与文艺相结合,教化民众,使之形成良好的道德行为,高尚的道德情操。在古代,"礼乐"主要出现在君王登基大典以及各种传统节日之中,以"祭祀"最为常见,也最为正规。

"礼乐并行",首先要注重"礼"的教育。中国自古以来称为文明礼仪之邦,在传统文化中,对于"礼"的规定和做法,可谓"尽善尽美"。如君臣之间、长幼之间、尊卑之间要行跪礼,同辈之间、各级官员要行作揖礼,夫妻之间要行敬礼等,这些礼仪尽管带有不平等的色彩,但都是对对方尊敬的表达。为了稳固统治,封建君王更是严禁百姓僭越礼仪,并以刑法来稳固礼仪道德规则。不过,无论如何,中华民族具有独具特色的礼仪传统,并且影响深远。本书认为,《思想道德修养与法律基础》课必须重视礼仪教育,因为懂文明、讲礼貌是一个人道德素养的重要体现。在校园内传播礼仪传统,一方面有利于校园文化的繁荣和发展;另一方面有助培育文明、和谐、稳定的校园风气,有助大学生培养开朗、豁达、明事理、通人情的心态,从而避免校园暴力事件的发生。当然,对"礼"的教育不能过度,不能只讲礼不讲情,必须把人与人之间的礼仪建立在人格平等的基础之上。例如,现在社会上存在着为老不尊、倚老卖老的现象,有些人倚仗自己的长者身份,对晚辈为所欲为,这是非常不值得提倡的。儒家认为"礼"是"仁"的外在行为,因此要想得到他人的尊敬,必须以诚待人,懂得"仁者爱人"的道理。

其次,对"乐"的教育。古人祭祀活动,都会采用乐曲,营造一种气势磅礴的氛围,给人一种隆重、庄严、肃穆的感觉,从而产生对上天、对大地的崇敬之情。儒家"乐教"思想的目的是促进道德的感染、熏陶以及启示。《思想道德修养与法律基础》课也可以利用音乐加强对学生的道德熏陶,一方面有利于提升学生对音乐的鉴赏能力;另一方面可以通过音乐启迪学生的人生思考。《思想道德修养与法律基础》课中有关于家庭伦理教育的内容，就可以运用"乐教"，引导学生对某些社会现象进行启迪思考。以"空巢老人"和"留守儿童"为例，由于生活压力大，很多的年轻人常年在外打工赚钱，缺少对父母的关爱和对子女的呵护，导致老人和儿女缺乏必要的心理安慰，感情也变得越来越淡薄；如果让年轻人经常聆听一些表达对父母、对子女关爱的歌曲，就有利于缓解彼此之间的关系，促进家庭沟通，营造和谐的家庭氛围。

（四）善用启发诱导手段

"灌输式"教育是传统思政理论课的主要教学方法，就是把与马克思主义理论相关的知识"填鸭式"灌入学生的大脑之中，既没有认真讲解，也没有精细的加工，使得教学效果大打折扣。对《思想道德修养与法律基础》课而言，这种方法是非常不值得提倡的。首先，灌输式的道德教育，会使学生产生一种逆反心理。因为社会的发展是动态的，不是静态的，人们的意识观念也会随着社会的发展而变化，旧有的观念会因为时代的发展、文化的交融而趋于落后、陈腐、僵化。其次，学生是有差异的，既表现在身心方面，也体现在价值观抉择方面，由于个人兴趣爱好，家庭背景，经济状况的差异，不同的学生对于道德观念的诉求也不一样。因此使用"灌输式"的教学主要手段，教学效果不甚理想。应该在教学中适当使用启发诱导式的教学手段。

儒家对于启发诱导，主张"不愤不启，不悱不发，举一隅不以三隅反，则不复也。"[①] 意思是，当学生弄不清楚却想弄清楚的时候，不去启发他；当学生说不出来道理却想说出道理的时候，不去诱导他。启发诱导，有"启"有"诱"。"启"就是学生依靠自身的努力，独立学习、独立思考，以更好地发挥创新思维能力。以"修养"为例，首先，教师必须注重对学生的道德观念的传授，让学生整体把握道德价值体系，包括道德意识、道德原则、道德行为等，之后再进行有意识的思考。其次是"诱"，即教师针对学生无法理解和消化的知识有目的地进行引导，采取设喻、点拨和解惑的方法，对于学生提出的问题，不给予正面的回答，而是依靠创设情境，设立各种问题，让学生沿着问题思考的路径，进行剖析和总结，寻找最终的答案。

---

① 孔健编著. 孔子全集·上 [M]. 北京：东方出版社，2011：25.

（五）引导学生学思结合

《论语》开篇的"学而不思则罔，思而不学则殆"指出了"学"与"思"在接受知识方面的重要性，[①]儒家自孔子到后世的学者，都把"学思结合"看作做人、做学问的重要法则。儒家提出"学思结合"的德育方法，主要依据是世人学习存在着学思"断裂"的特点，对于知识要么不求甚多，要么不求甚解，进而导致人格上的"分裂"。

从心理学角度分析，因为个体对于外部事物的认知需要经历由浅入深、由简单到复杂、由外到内的过程，只有先透过事物的表面现象，才能认知事物的本质。这一规律对于道德修养而言，也是一样的，个体只有充分认识道德形成的基本规律，才可以树立崇高的人格。对于以"思想道德"为主要内容的《思想道德修养与法律基础》课而言，必须重视"学"与"思"的辩证关系。对于道德观念的形成、道德素质的养成，不能仅以课本上比较宽泛的道德理论为学习道德知识的主要来源，否则就会给学生有一种从书本到书本、从理论到理论的"道德无感"的感觉。

"见贤思齐"即个体对道德现象的正确认知；"反求诸己"即个体在对道德现象认知的基础上进行道德内化，形成个体的道德素养；"推己及人"即个体的道德外化。以怎样看待"扶不扶"事件为例。"乐于助人"本来是中华民族的传统美德，也是社会主义荣辱观的重要内容。然而由于法制不健全、医疗制度不完善、个人功利化倾向越来越严重原因，有些人专门利用"碰瓷儿"来谋取私人利益，故意摔倒，讹诈他人，使很多乐于助人的人付出了惨痛的代价，最终导致了"见倒不扶""不闻不问"的社会倾向，使得很多社会成员形成了畸形的道德观念。这种问题很值得大学生反思。"扶不扶"尽管涉及经济利益问题、法律制度问题，但其根本还是人的思想意识问题。儒家思想提到，人由于欲望不断膨胀，会失去对"善"的追求，甚至还会失去做人最起码的尊严。作为大学生，应该乐观地看待"扶不扶"问题，不能因为别人的惨痛教训，而见死不救，要相信社会中还存在着"爱"，还充满了人与人之间的温暖之情，要不断注重内在修养，看到了摔倒的老人、倒地的孕妇，要及时予以救援之手，要大胆向周围群众、舆论媒体展现大学生乐于助人的品质，也可以借助校园公众媒介、新媒体宣传公民道德建设的内容，自觉传播传统道德文化，践行社会主义核心价值观和社会主义荣辱观。

[①] 孔子. 论语[M]. 北京：华夏出版社，2017：16.

（六）引导学生身体力行

当前，部分高校由于思政课教学脱离实际，改革滞后，不能适应社会发展和学生成长的需要，使得学生对于课程的学习没有动力。学生在平时的课堂上，不注意知识的学习和巩固，考试前加班加点复习，以求及格，这种学习的态度与思政理论课的教学目标背道而驰。以《思想道德修养与法律基础》课为例，课程教学的最终目标是实现学生综合素质的全面发展，即培养具备高尚的道德情操、崇高的理想信念、完善和健康的人格以及能够承担起民族复兴大业的栋梁之材。因此，对于学生综合素质的教育和培养不能停留在书本上，应该突出实践性。邓小平说，实践是检验真理的唯一标准。大学生能否适应社会的需要，能否创造和实现人生价值，"知"是基础，"行"是关键。儒家思想家王阳明所倡导的"知行合一"的思想，就是关于知识的实践性的观点，"知行合一"主张通过实践，使个体的道德修养得到提升。在王阳明看来，知是行的开端，个人的一切行动必须首先建立在理想的认知基础之上，行才是知的终点，通过行动才可以明晓知识的内涵，并进一步补充知识的不足。这一点在个人修养方面，值得大学生和"思政"课教师思考。中国古代有很多关于道德模范的故事，很值得在课堂上进行讲授，让学生理解和感悟。除此之外，作为《思想道德修养与法律基础》课的重要教学任务之一，理解和接受党的优秀传统再教育，是大学生重要素质和能力的展现。比如，高校可以开展类似"红色旅游""再走一次长征路""重温红军革命传统"的活动，以专题或者调研的形式，让学生自发参与革命历史再教育活动。这些形式都是知行合一的重要教学实践模式，不能因为长期性、费时性或者危险性而不予以支持。

大学生作为社会人，要懂得道德修养不能仅仅依靠书本的学习，更重要的是在社会实践及人与人之间的交往中，通过反思各种社会关系、个人与他人的言行举止，明白什么是"善"，什么是"恶"，领悟人生的真谛、道德的意义，不断适合社会的发展需求，实现自己的人生抱负。以社会主义核心价值观教育为例，大学生只有遵循社会主义核心价值观的内在要求和基本规范，才可以使自己在激烈的市场竞争中立于不败之地。如果一味地追求一己私利，追求奢靡之风、享乐之风，就会迷失人生的方向，丧失自己作为人的道德底线，进而被社会所抛弃。

因此，作为《思想道德修养与法律基础》课教师，应该积极引导学生参与各种社会实践，使大学生在实际锻炼中自觉提升个人的品德修养，树立乐于助人、服务社会、报效国家的理想信念。

儒家文化博大精深，具有悠久的历史，值得当代人传承。今天的中国，在建设高度社会主义物质文明和精神文明的同时，应该注重将传统文化优秀遗产发扬光大，充分挖掘传统文化中的精髓，服务于"中国梦"建设。尽管儒家文化中有一些糟粕，但其丰富的人伦思想、道德观念、社会治理方法、教育理论等，对当代中国的物质文明、精神文明发展，以及实现中华民族伟大复兴都具有深刻的现实借鉴意义。因此，在高校思政理论课的教学过程中，教师应该努力挖掘儒家文化的优秀遗产，以科学严谨的态度，重新审视儒家文化的重要性和当代价值，将儒家文化的优秀成分充分应用于思政理论课，提高教学艺术性、实效性和创造性，增强课程教学的吸引力和感染力，同时也为马克思主义中国化、时代化和大众化拓展更加广阔、深厚、优质的传播土壤。

二、儒家思想在高校思政课程中的落实

在教育目的方面，儒家以"圣人""君子"为培养目标，这种目标的内涵是道德水平与知识水平相统一的；而高校思政教育，同样将这两样作为人才培养的目标。科教兴国战略强调高专业技术、高知识水平的人才在社会主义事业建设中的绝对作用，而高尚的道德则是一个人才在社会主义各项事业中为人民服务的先决条件。在对道德水平的重视程度的层面上，儒家思想和高校思政教育有着共通性。

儒家倡导"忠君爱国"的思想，以天下兴亡为己任，忧国忧民，矢志报国；而爱国主义也是社会主义核心价值体系的主要内容。儒家思想经过数千年的传承与发展，其多数思想和理念已经成为人们待人接物的默认准则。即使是现代化的今天，以儒家"仁、义、礼、智、信"为代表的精神核心依然能在人们的日常生活中找到痕迹。正是基于这样的传统和成长环境，高校学生对于儒家思想都有基本的认知和肯定，在高校思政教育中加强儒家文化的教育具有相当的可行性。

（一）将儒家思想作为思政教育的教学文化背景

儒家文化，经过数千年的发展，已经成为极具民族特色的东方文化，它不仅

存在于往圣先贤的著述中，也作为中华民族特有的思维模式、伦理道德观、价值评判标准、行为手段和民俗风尚，存在于人们的社会生活中，既深刻地影响着人们的日常生活，又不为人们所觉察。儒家思想重视人思想道德方面的教育，既是中国传统伦理道德的重要源泉，也是中华民族精神、民族文化的重要源泉。高校学生生长于这样的环境中，从小的耳濡目染使他们大都具备一定程度的儒家道德思想，如热爱祖国、尊老爱幼、尊师重道等，因此将儒家思想作为思政教育的文化背景容易得到他们的认同。同时，因为儒家文化本身非常重视教育，历朝历代都不乏身体力行提倡教育的大儒，因此其中包含的教学理念具有直接现实性，一些教学规范具有极强的约束力，可以直接拿来应用在高校思政教育课程中，不仅可以增强对高校学生的教学效果，也能规范教师本身的言行举止、教学理念。

基于上述内容，在高校思政教育的具体教学中，可以尝试引入儒家文化内容，在具体过程中应该注意要科学地规划好不同层次、不同阶段的教学目标所应用的儒家经典文化，根据不同年级的基础来配置不同深度的儒家文化教育。利用儒家文化给思政教育课堂提供大量的德育故事范例和理论支持，对于思政教育的一些教学内容，儒家文化中的一些传统元素、理论、典故等都能起到很好的诠释作用，从而学生在听课时对思政课程的教学内容产生共鸣。在使传统的儒家文化焕发出新的生机的同时，思政教育也能借着儒家文化有益内涵的促进而获得发展，培养符合社会主义事业要求的德才兼备的人才。

（二）营造良好的教育环境

将儒家思想植入高校思政教育中，并发挥出其应有的作用，这需要一个过程。其中，形成一个重视儒家文化的良好教育环境非常重要。儒家重视环境对人成长的作用，孟子的母亲为了培养儿子成才，十分重视居所周围的环境，"孟母三迁"的故事脍炙人口。环境对人的影响是巨大的，它通过耳濡目染的熏陶和潜移默化的暗示，对人的精神世界产生一种导向作用。营造良好的教育环境，并不能单纯依赖高校对校园精神文化和物质条件的建设，更需要全社会的共同努力和维护。首先，学校在建设高品位的儒家思想教育环境中发挥着最重要的作用。无论是将儒家思想应用在思政教育中，还是形成一个重视儒家思想教育的校园文化环境，都需要学校领导层的认可与推进。在高校学生成长的过程中，学校环境始终是学生接触时间最长、最熟悉，也是最重要的一个环境，为了使儒家思想在思政教育教学中的应用发挥最大的作用和影响，高校在教育环境的建设中，应该先加大图书馆的儒家经典典籍的占比。多数学生对于儒家文化的只知其然而不知其所以然，增加儒家经典的占比在高校图书馆馆藏中，可以对学生的知识水平和高效思政教育产生积极的作用。学生可以更全面地了解中国传统文化，并拓展知识广度和深度；儒家经典代表了中国传统文化的核心价值观和思维方式，学习和阅读这些经典著作，学生可以更好地认识中国文化的独特性和重要性，培养文化自信心；儒家学说强调个人修养、社会责任和道德规范，对于培养学生的公民素养具有积极意义。同时，高校也应该多举办相关的讲座和知识竞赛，通过丰富的校园文化活动来拉近高校学生与儒家道德思想的距离，这些不仅对思政教育学科有着重要的促进作用，同时还能提高学生的文化品位，对于良好学风、校风的形成也至关重要。此外，高校应该改变对学生思政水平的单一评价体制，一个人的道德修养不可能仅仅通过考试分数获得衡量，但学生平时的行为很难被纳入评价范围，因此高校应该将注意力更多集中在平时学生在学校学习环境中的行为表现上。

其次，社会同样有责任有义务为学生提供良好的教育环境。人们每天都生活在社会中，社会范围内的思维意识、价值取向、主要行为手段等都会影响每人。多年来，我国传统文化在社会生活中受到多方面因素的影响，被视为过时的、僵化的文化，使得学生群体从小忽略了儒家文化。最近几年的《百家讲坛》等普及传统文化的节目又更新了人们对于传统文化的认识，特别是对儒家文化的认识，在社会生活中，越来越多的人体会到儒家思想的现实价值，不约而同地投入儒家文化的学习中，由此掀起了一股国学热潮。社会对儒家思想的重视能够深刻地影响学生群体的价值观选择，并使其对待儒家文化采取更加重视的态度。一旦学生在学习生活中形成了符合儒家价值观的习惯，在价值选择方面自然会遵从儒家的道德规范，从而更容易实现思政教育的教学目标。

（三）借助现代化的教育媒介

随着科学技术的不断发展，网络成为高校学生课余生活娱乐的主要手段。电子技术的发展同样为传统的教学活动提供了新的手段，为教育现代化的实现提供了便利。针对当今高校学生对于计算机和网络技术频繁的使用程度，高校在思政教育中可以利用这些现代化的科学技术和媒介来传授课程内容和儒家思想。在知识信息愈发开放的今天，很多问题的解答都不再依靠专业的学者，人人都可以为

"师",人人都好为"师"。当代的大学生喜欢利用"百度知道"之类的网站在线提问,针对这种现状,高校思政教育学科应该建立专门的网络平台,组织一批专业知识过硬的教师团队,及时针对高校学生的提问答疑解惑,避免他们受到网络上不正确思想的诱导。同时,应当建立专门的网上宣传阵地,对各种群体普及传统儒家文化知识。在线上平台的建设过程中,高校应当格外注意避免空洞、刻板和理论式说教的模式,利用网络灵活多变的特性,采取学生喜欢的风格和形式,多借鉴一些成功的案例。例如,借鉴《百家讲坛》等节目,或利用传递正确价值观、阐述学科教育目的的电影、电视剧来吸引在校学生,并通过详细的解读来引导他们感悟到其中的道理。电视剧《大宅门》《乔家大院》都取得了不俗的口碑和很高的收视率,其中蕴含着孝文化、信义精神、爱国主义思想等丰富的儒家文化精神,对于高校学生来说,既是视觉娱乐的享受,更是一种道德情操的陶冶。此外,有许多社会组织热心于弘扬儒家思想等中国传统文化,有的组织专门制作了"中华德育故事""圣贤教育改变命运"等教育视频,这些视频富有艺术性和趣味性,又包含了儒家文化的经典理论,通过耳熟能详的名人轶事和圣人语录,深入浅出地将儒家道德精髓娓娓道来,思政教育如果能利用好这些新媒体资源,一定可以取得事半功倍的效果。

(四)将儒家文化深度融入思政教学内容

1. 儒家文化融入大学生人生观教育

高校思政课进行人生观教育,必须在马克思主义的指导下,引导学生树立远大的理想和科学的信仰,正确认识人生的意义和价值,形成积极向上的人生态度和健康、文明、科学的生活主要手段。同时吸取儒家人生哲学中优秀养分丰富教学内容。

儒家认为要想实现人生理想,达成人生目的,就必须端正自己的态度,包括学习态度、做人态度、做事的态度、做学问的态度,使实现理想的过程不偏不倚。在学习态度上,儒家认为要"学而时习之""温故而知新",[1]对知识要注重温习和反思,保持饥渴的态度,要有活到老学到老的意志,学习是永无止境的,人只有不停地学习,不断用知识充实自己,才可以不断成长。此外,学习知识不是一种

---

[1] 孔子. 论语 [M]. 北京:华夏出版社,2017:15.

"装潢",更不是炫耀自己的资本,而是充实自己、修身养性的途径,是实现"内圣"的途径。在做人的态度上,儒家主张"三人行,必有我师焉,择其善者而从,其不善者而改之"。[①] 要认真审视周围的人,学习他们的优点,对照自己改正缺点,"见贤思齐焉,见不贤而内自省也"[②],要善于观察别人的言行举止,"敏于行讷于言"[③]。要学会"君子慎独"。要懂"礼","非礼勿视,非礼勿听,非礼勿言,非礼勿动"[④]。要恭敬他人,有仁爱之心。在做事的态度上,懂得"故天将降大任于是人也,必先苦其心志,劳其筋骨,饿其体肤,空乏其身,行拂乱其所为,所以动心忍性,曾益其所不能"的道理。此外,还要有持之以恒的毅力,不能好高骛远。在做学问的态度上,儒家认为要"身教重于言传",教师不能空口无凭;要身先垂范,并注重教育方法的合理运用;对于学生的身心差异特点,要因材施教;对于学生领悟知识的能力,要因循善诱等。

2. 儒家文化融入大学生道德观教育

道德观是人们基于对道德现象的认知所形成的系统性观点,是人们在特定的社会历史条件下,依据个体的社会立场和行为取向,对社会道德现象进行观察和分析的结果,其主要的内涵就在于判断善恶是非。道德观会随着不同的时代、不同的社会,产生不同的特点。例如,我国目前主流道德观的内容是"社会主义核心价值观"。而传统意义上的"道德观",即为儒家的道德观。道德观教育有利于个体学习传统道德理论,自觉进行道德修养,提升道德素质,铸就道德品质,通过正确认知社会道德现象,养成良好的道德行为;有利于推进社会主义道德建设,践行社会主义荣辱观,改善社会风气,创造健康、积极、向上的良好社会环境。高校教育应引导学生树立正确的善恶观,培养高尚的道德品质,锤炼坚强的道德意志,进而按照社会主义道德建设的要求,成为"有理想、有道德、有文化、有纪律"的新人。道德素质教育是《思想道德修养与法律基础》课的重要目标和任务,实现这一目标,要求教师讲清楚马克思主义道德理论、社会主义社会道德的原则和要求、个体道德修养的规律和方法等。在这些方面,儒家文化有着丰富的优良传统和经验积淀,值得《思想道德修养与法律基础》课挖掘和借鉴。

---

① 孔子. 论语 [M]. 北京:华夏出版社,2017:84.
② 孔子. 论语 [M]. 北京:华夏出版社,2017:41.
③ 孔子. 论语 [M]. 北京:华夏出版社,2017:35.
④ 孔子. 论语 [M]. 北京:华夏出版社,2017:146.

3. 儒家文化融入大学生心理健康教育

对于高校而言，加强心理健康教育，是《思想道德修养与法律基础》课的重要任务，有助于培养大学生正确的认知能力、积极向上的情感，发展和谐的人际关系，并克服各种心理危机，实现个人身心健康发展。儒家文化中关于情绪调节的方法、处理人际关系的技巧、修身养性的心理保健艺术、奋斗不息的精神追求是心理健康教育的宝贵财富。

（1）儒家"和为贵"的人际关系原则

和谐的人际关系既是个体心理健康的基础，也是判断个体心理健康与否的重要标准。在人际关系方面，儒家提倡"礼之用，和为贵"的原则。所谓"礼之用"，也就是礼法的用处，从儒家对"礼"产生的原因的角度来看，人是有欲望的，而用"礼"可以约束人们的行为，节制人的欲望，以调节人们的情感。"和为贵"则是儒家表达"仁"的主要手段，主张个人、社会、国家应该遵循"天下大同"的原则，在彼此交往中，要以和为贵，出现分歧，要心平气和地商量，而不能意气用事。可见，"和为贵"思想在心理健康方面也具有很大的指导作用。

儒家认为："仁，人心也，义，人路也。"而"礼，门也。"[①]意思是，"仁"是做人的本质，"义"是做人的原则，而"礼"则是仁义的现实体现。从另一个角度来说，把"礼"比作"门"，充分体现了儒家对"礼"的重视。《礼记》提到，仁、义、礼是同一类事物，只是高低层次不一样：如果失去了道义，就要施行仁政；如果没有仁政，就得注意道义；如果没有道义，就要注重礼法；但如果没有礼法，天下就要大乱了。其次，儒家主张"和为贵""和而不同""求同存异"。因为社会是由人组成的一个整体，每个人在生活、学习、工作中都要与他人交往，难免产生不一致的想法和行为。"以和为贵"的思想，就是要求人们认同彼此之间的差异，通过求同存异的手段，寻找彼此利益一致的选择，从而达到尊重彼此、各得其所的目的。儒家"礼之用，和为贵"的思想对于处理人际关系紧张问题，有很大的借鉴作用。由于功利化意识的浓厚，人们的价值评判标准良莠不齐，有的人注重实效性，有的人注重价值性；有的人注重个人私利，有的人注重公众利益，如果不对这些具有差别性的价值取向进行纠正，就会导致意识混乱、道德沦丧，使得社会风气败坏，国家难以立足于世界之林。"礼之用，和为贵"的观点，可

---

① 方韬. 四书五经册2[M]. 北京：印刷工业出版社，2013：135.

以纠偏人们的价值观念,约束人们的道德行为,节制人们的功利欲望,提升个体心理健康水平,并形成和谐向上的社会风气,促进精神文明建设的良性发展。

(2)儒家"修身养性"的心理保健艺术

儒家教育的目的在于完善人的道德、实现价值观的革旧更新。儒家认为,可以通过个体坚持不懈的自我修养,来实现个人品质的转化;也可以从别人"修身"的行为中得到启发,与一些品行高尚的人交往,个体会在不知不觉之中受到感染而主动完善自己的品质。

对于"养心",儒家认为"养心莫善于寡欲"①,人只有懂得克制自己的欲望,才会谨言慎行。"养心"是调节各种心理因素,实现心身和谐。首先,必须不断养护初心。初心即本心,就是"善",要保护人的天生善念,使潜意识层面的处世心态得到满足,如舜在深山里的时候,住在木石头盖的房子里,与鹿和野猪游玩,跟山里的野人一样,但看到善言善行的时候,就好像江海决堤,说明对于人初始之心的培养有助于后天心智的健全。其次是通过后天的教育,使初始之心得到"蜕变",即"得道",也就是儒家仁义礼法的教育,这里不再赘述。

儒家这种"修身养心"的心智教育方法,很值得大学生去学习。大学生由于心智不够健全,对于外部事物的理解很片面,有时仅凭事物的外部现象而妄加决断,无法认识事物的本质;对于自身的错误,也无法进行反省,而一意孤行,恣意妄为,我行我素,导致心理上的偏激和固执,对人、对物态度冷漠,追名逐利,欲望过盛,甚至会引发心理障碍和疾病。采用儒家的"修身养性"心理教育方法,有助大学生舒展身心,健全人格,完善人性。

(3)儒家"自强不息"的精神追求

自强不息的奋斗精神,是中华民族的传统美德,既体现了一个国家和民族不屈不挠的抗争精神,也体现了个人的奋斗精神。培养大学生自强不息的品格,有助于解决大学生各种心理障碍与问题;增强热爱生命的观念,有助于让大学生更好地领悟人生真谛。儒家认为"自强不息"首先体现为个人的"乐天安命"的情操,因为只有这样才会珍惜生命,注重生命的可贵。"乐天知命,故不忧"②,正视自己

---

① 孟子.孟子[M].北京:中信出版社,2013:329.
② 姬昌.周易[M].北京:华夏出版社,2017:364.

的生命价值，欣赏自己。"妖寿不贰，修身以俟之，所以立命也"①，即一个人活在世上，必须有所成就，有所寄托，要自强不息、不畏艰险。除此之外，儒家也认为，自强不息有助于克服人生挫折和苦难，让个体在磨砺中不断成长，成就个人伟业。伟大出于平凡。正所谓"舜发于畎亩之中，傅说举于版筑之间，胶鬲举于鱼盐之中，管夷吾举于士，孙叔敖举于海，百里奚举于市"。因此，对当代大学生而言应该继承和发扬自强不息的民族传统，坚持不懈地努力学习，在困境之中磨砺成长，以成就自己的人生事业。

4. 儒家文化融入大学生审美教育

审美教育，简称"美育"，主要目的是培养人感受美的能力，提高鉴赏美的技能，提升创造美的想象力，以此树立人们正确的审美观点，审美情趣和审美理想，进而影响人们的思想情感、聪明才智和精神风貌。"美育"是《思想道德修养与法律基础》课必不可少的教学任务。通过对大学生开展审美教育，可以陶冶大学生的情操，净化心灵，激发学生的学习兴趣，完善大学生的人格，修身养性。同时，借鉴儒家的审美思想来丰富《思想道德修养与法律基础》课的审美教学内容是有价值的选择。

（1）"君子比德"的审美情趣

"君子"是儒家的理想人格，而"君子比德"意思是将自然物（如山、水、松、竹、柏等）的某些特点与君子的道德属性关联起来，借助于自然物体会审美主体的某些品德美。儒家的这种认知是建立在对艺术的本质的认识基础之上。儒家认为一切的艺术作品都是主体情感意志的内心抒发和外在表现，如《诗经》，孔子认为"《诗》可以兴，可以观，可以群，可以怨"，②即认为《诗经》可以感发志意，使人受到感染，得到启发和鼓舞；可以观察人情风俗的盛衰，认识社会现实，考证得失；可以通过情感交流，彼此感染，和谐相处；可以抒发心中不平，讥刺不良政治。儒家还把美玉和君子的品性相对应，如子贡问"君子之所以贵玉而贱琅者，何也？为夫玉之少而瑕之多邪？"孔子的回答是，"恶！赐！是何言也！夫君子岂多而贱之，少而贵之哉！夫玉者，君子比德焉。温润而泽，仁也；栗而理，知也；坚刚而不屈，义也；廉而不刿，行也；折而不挠，勇也；瑕适并见，情也；

---

① 孟子. 孟子 [M]. 北京：中信出版社，2013：279.
② 孔健编著. 孔子全集·上 [M]. 北京：东方出版社，2011：73.

扣之，其声清扬而远闻，其止辍然，辞也。故虽有珉之雕雕，不若玉之章章。诗曰：言念君子，温其如玉。此之谓也"①。从孔子的言论中可以看出，玉的温润、瑕泽和可雕琢，都是君子的高尚品性和自觉的道德比喻。儒家的"君子比德说"对于当代的艺术作品的审美情趣具有很重要的指导意义。"比德说"实际上就是注重艺术作品的感染力和熏陶性，使艺术作品推动社会风气的进步。借助好的艺术作品含蓄内敛以及托物言志的特点，使人们受到启发和引导，自觉提升道德修养和道德情操，树立正确的价值审美观。比如"唱红歌"就是依托红色歌谣抒发的革命情怀，使人们受到革命精神的感染，身临其境地领悟革命精神，从而为整个社会树立良好风气的榜样。

（2）"尽善尽美"与"文质彬彬"相结合的审美创造

艺术作品与主体的情感是相通的，可以通过对作品的审美情趣的研究，感受主体的道德修养，因此，好的艺术作品就会反映出主体高尚的道德品质。那么如何创作好的文艺作品呢？儒家认为应该坚持"尽善尽美"和"文质彬彬"的统一。

儒家认为好的艺术作品首先要体现"美"，即从感官上给人一种愉悦的感觉。《论语》中记载了孔子与鲁国乐师的谈话，孔子认为一首好的乐曲，从序曲到高潮到结尾，尽管是连续的，但每一部分都应该有其独特的特点，这样才会吸引人，否则没有起落，没有特色，很难登上大雅之堂。除了感官美，儒家还要求服饰美和装饰美。与"美"的观点一致，儒家认为好的艺术作品还体现在"善"，即符合社会的道德规范和人伦纲常。"人而不仁，如礼何？人而不仁，如乐何？"②即礼乐之中要包含道德伦理，要符合"仁"的要求，如果艺术作品脱离了"仁"，那就没有任何意义了。另外，儒家认为艺术作品还应该讲究"文质彬彬"，即文采和道德相一致。所谓"质胜文则野，文胜质则史，文质彬彬，然后君子"③，即一个人有文采，没有道德，作品就会很虚浮；如果有道德，没有文采，就会很粗野。只有文质结合，才是名副其实的君子。儒家观点认为文学作品并非都是好的，"巧言令色，鲜矣仁"④，即人没有品德，即使说得再动听，也不足为贵。此外，文采也很重要，所谓"托物言志"，作品必须正确表达自己的思想，反映社会事实，

---

① 孔健编著.孔子全集·上[M].北京：东方出版社，2011：346.
② 孔子.论语[M].北京：华夏出版社，2017：23.
③ 孔子.论语[M].北京：华夏出版社，2017：69.
④ 孔子.论语[M].北京：华夏出版社，2017：2.

表达合理的价值取向，才会给人以启发，以至影响深远。如果作品无法表达自己的意志，用词造句不规范，就会显得很粗糙，令人鄙夷。

儒家的"尽善尽美"和"文质彬彬"的艺术创作原则，很值得现代人思考。作为与传统文化相对应的流行文化，尽管有些流行文化继承了传统文化的内容，但没有继承和发扬传统文化的基因，更多的是对传统文化的改写和曲解，有些甚至已经背离了传统文化的基本内涵，成为一种庸俗化的世俗产物，将现代社会的功利倾向和人们之间庸俗的感情交织在一起，给社会的影响是非常不利的。

（3）"中庸"式的审美鉴赏尺度

要想正确理解作品的价值，认真领悟作品中所蕴含的作者思想，就必须以一个合理而恰当的视角，对作品进行审视。而儒家的"中庸"原则对审美的尺度有深刻的启示。

首先，儒家认为鉴赏艺术作品，应"乐而不淫，哀而不伤"[①]，即"中"。艺术作品是作者情感的表现，这种表现会给人带来精神上的享受，但不能过分，例如《关雎》乐而不淫，哀而不伤"。《关雎》之所以世代吟唱，就是因为作品的欢乐有节制，伤感也不过度。而人的喜怒哀乐也是有"度"的，只有适度的情感表达和宣泄，才对个人和社会有益。因此，对于艺术的鉴赏，要讲究适度，表达"温柔敦厚"之感。其次，儒家还主张鉴赏尺度要"和"，个人在创造艺术作品的过程中，要适中地表达自己的情感意志，不能过于泛滥，讲究中和。只有适中的情感表达，才能使作品被人接受、欣赏。儒家"中庸"式的艺术鉴赏尺度，对于现阶段的艺术教育和艺术创作而言，具有很强的借鉴意义，尤其是针对一些商业电影，其内容过于重视利益和人际间的尔虞我诈，名利争斗，使得很多未成年人以及心智不太健全的大学生深受其害。

（五）在高校思政教学应用儒家思想需注意的问题

1. 贴近学生的生活实际

教育的最终目标是指导人们的生活实践，长期以来，我国学生面临着巨大的升学压力，使得教育很难将注意力转向学生的生活实际，对学生道德修养的教育同样难以以生活为导向。尽管高等教育摆脱了传统应试教育面临的一些问题，但

---

① 孔子. 论语 [M]. 北京：华夏出版社，2017：30.

由于高校学生数量庞大，教师在授课中仍然很难体现对学生具体生活的关注。这不利于思政教育课程的教学目标的实现，也不利于高校学生的成长。

高校思政教育应该注重贴近学生的生活实际，对儒家思想的应用也应该重视生活实际。很多人认为儒家思想等传统文化义理幽深、晦涩难懂，和现代文化简洁明快、通俗易懂的特点相对立，因此没有耐心、能力去学习、钻研儒家典籍。同时，思政教育本身也是理论性比较强、比较抽象的学科。所以在思政教育的课程中融入儒家思想内容，应该格外注意化繁为简，以免学生因为听不懂而失去兴趣。在具体教学活动中，对内容的选取也应该以贴近教学实际为标准，以达到指导学生生活的教学目标。

在应用儒家文化的过程中，还应该格外注意对地方文化特色的发掘，如绵山文化、晋商文化、关公文化等儒家文化的分支，这些文化对于增加学生听课兴趣和理解教学内容等方面都有显著的作用。在培养目标和评价导向等方面，也应该注意结合生活实际。儒家以圣人、君子为人格理想，以仁、义、礼、智、信等道德典范为标准，但事实上人格培养应该以生活为基础，过于完美的理想人格在实现上有相当的难度，盲目拔高会导致学生积极性受挫，而且道德修养的提升不可能是一朝一夕就能实现的。

2. 要以学生自觉的道德实践为基础

儒家文化对于道德的推重，究其本质而言，其实是对道德实践的重视。儒家伦理道德观不仅提供了一系列经典的道德规范和修养方法，而且强调"知行合一"的道德践履理念。孔子说"君子欲讷于言而过其行也"[①]，可见，儒家重视知行合一，对教师要求言传身教，对学生要求言行一致。马克思主义原理认为在事物发展过程中，内因始终是决定事物发展的关键，外因须通过内因来起到相应的作用。实践是认识的唯一来源，人应该通过实践来检验认识。这些理论提示我们，把儒家思想应用在思政教育学科中时，应当尤其注意培养高校学生的道德实践能力，自身对于道德规范的自觉履行是内因，儒家道德规范也好，思政教育也好，都只能作为外因而存在。高校学生应该在学习生活中意识到，道德实践的本质并非践行某一规范或者内容，而且使自身得到提高。

---

① 孔健编著. 孔子全集·上 [M]. 北京：东方出版社，2011：15.

在中华文明的数千年历史中,儒家思想为促进中华文化不断发展前进,构建稳定而和谐的政治生活、社会生活作出了巨大的贡献,并且在数千年的中外文化交流史上一直为周边诸国所推崇,逐渐以此为基础形成了东方文化。历史和文化不能与现在割裂开来,任何发展都是站在过去的基础上,经过辩证的扬弃而得来的。儒家思想作为封建社会的正统思想,必然包含了阶级社会为了维护自身统治而宣扬的封建思想和落后的思想观点,但其思想精髓在漫长的历史进程中,经历了岁月沉淀和检验,是我们中华民族的宝贵精神文化遗产。

儒家文化蕴含的丰富理念,对于今天我们的高校思政教育学科有着十分可贵的理论价值与实际意义。深入发掘儒家思想的精髓,有利于提高高校学生及教师的思想道德水平。将儒家思想精髓作为高校思政教育的有益补充应用到具体教学活动中,不仅有利于深化教学改革,增强思政教育学科建设的创新能力,而且能使传统的儒家思想在新时代获得继承与发展。

高校思政教育是我们党始终保持理论优势、始终代表中国最先进文化的保障,同时也是建设社会主义精神文明,践行为人民服务理念的必然要求。在思政教育学科建设中,不仅要以马克思主义的科学属性为旗帜,更应该彰显出符合时代发展的中国特色,这就要求我们在建设思政学科的过程中注重对中国传统文化,特别是儒家思想加以借鉴引用,塑造出有中国特色的思政教育理论体系,建立起一支具有深厚儒家文化素养的教师队伍,为社会主义事业建设培养德才兼备的人才。

参考文献

[1] 齐勇.推动中华优秀传统文化融入课堂教学[J].思想政治教学,2019(03): 10-12.

[2] 佘双好.中华优秀传统文化与思想政治课教学[J].理论与改革,2021(01): 30-35.

[3] 王睿.文化自信视域下中华优秀传统文化的价值意蕴与传承进路[J].汉字文化,2022(12):168-170.

[4] 董小玉,刘晓荷.新时代中华优秀传统文化进教材的理性审思[J].教师教育学报,2022,09(02):77-84.

[5] 丰晓丽.浅论中国传统文化对高校思想政治教育的价值[J].中国商界,2010(12):339-340.

[6] 肖勇,杜勇,魏维.传统文化视野下的中国梦与高校思想政治教育的价值及实现路径[J].四川戏剧,2015(05):130-132+138.

[7] 曲洪志.我国传统文化是思想政治教育的重要资源[J].山东社会科学,2006(04):152-154.

[8] 于向东.聚焦立德树人,健全高校大思政工作格局[J].红旗文稿,2018(06): 32-34.

[9] 徐宇瞳,王春刚.文化自信视域下新时代大学生中华优秀传统文化素养的培育[J].汉字文化,2012(12):174-177.

[10] 李雪,王传玲.中华优秀传统文化融入高校思想政治教育的思考[J].经济师,2023(09):155-156.

[11] 楼宇烈.中国文化的根本精神[M].北京:中华书局,2016.

[12] 邓球柏.中国传统文化与思想政治教育[M].北京:首都师范大学出版社,1999.

[13] 张耀灿.现代思政教育学 [M].北京：人民出版社，2011.

[14] 骆郁廷.新时代大学生思政教育 [M].北京：中国人民大学出版社，2010.

[15] 徐永春.中国传统文化与思想政治教育 [M].北京：光明日报出版社，2016.

[16] 顾友仁.中国传统文化与思想政治教育的创新 [M].合肥：安徽大学出版社，2011.

[17] 沈壮海.大学生的历史文化视角 [M].北京：中国人民出版社，2005.

[18] 陈守聪，王珍喜.中国传统文化的价值与现代德育构建 [M].北京：光明日报出版社，2013.

[19] 张岱年.文化与价值 [M].北京：新华出版社，2004.

[20] 王易.传统文化与思想政治教育创新 [M].北京：中国人民大学出版社，2018.

[21] 王玥.中华优秀传统文化融入理工科大学生思想政治教育研究 [D].大庆：东北石油大学，2023.

[22] 郑君.中华优秀传统文化的思想政治教育价值研究 [D].长春：东北师范大学，2022.

[23] 薛金枝.儒家优秀传统文化融入大学生思想政治教育研究 [D].西安：西安理工大学，2021.

[24] 李靖.新时代高校课程思政发展研究 [D].沈阳：辽宁大学，2021.

[25] 秦冰馥.中华优秀传统文化融入高校思想政治教育研究 [D].长春：东北师范大学，2021.

[26] 游珍花.中华优秀传统文化融入大学生思想政治教育研究 [D].武汉：武汉理工大学，2021.

[27] 向云鹭.中华优秀传统文化大学生思想政治教育功能发挥研究 [D].上海：华中师范大学，2020.

[28] 肖芳.优秀传统文化融入大学生思想政治教育研究 [D].上海：上海师范大学，2015.

[29] 朱梦洁."课程思政"的探索与实践 [D].上海：上海外国语大学，2019.

[30] 曾媛.优秀传统文化与思想政治教育融合中的价值实现 [D].沈阳：沈阳师范大学，2013.

[31] 徐福康. 国家立场·学生立场·学科立场——学习贯彻习近平总书记在学校思政理论课教师座谈会上的讲话精神 [J]. 教学月刊·中学版（政治教学），2019（Z2）：42-44.

[32] 吴晶，胡浩. 习近平在全国高校思想政治工作会议上强调把思想政治工作贯穿教育教学全过程开创我国高等教育事业发展新局面 [J]. 中国高等教育，2016（24）：5-7.

[33] 李雪，王传玲. 中华优秀传统文化融入高校思想政治教育的思考 [J]. 经济师，2023（09）：155-156.

[34] 完善中华优秀传统文化教育指导纲要 [J]. 中小学德育，2014（04）：4-7+41.

[35] 黄焕初. 略论社会主义市场经济的义利观 [J]. 江南论坛，1997（10）：1.

[36] 党的二十大报告速览 [J]. 中国机关后勤，2022（11）：42-43.

[37]《中共中央关于全面深化改革若干重大问题的决定》解读 [J]. 四川档案，2013（06）：4-5.

[38] 中国共产党第十八次全国代表大会 [J]. 世纪风采，2022（10）：49.

[39] 国家中长期教育改革和发展规划纲要 [J]. 实验室研究与探索，2019，38（09）：4.

[40] 中国共产党第十七次全国代表大会 [J]. 世纪风采，2022（10）：2.

[41] 中国普通高等学校德育大纲 [J]. 中国高等教育，1996（02）：4-7.

[42] 孙燕青. 文化自觉与文化自信视野下的传统文化定位 [J]. 哲学动态，2012（08）：19-23.

[43] 二十大报告（实录全文）摘录 [J]. 广州社会主义学院学报，2023（03）：2+113.

[44] 沈壮海. 思政教育的文化视野 [M]. 北京：人民出版社，2005.

[45] 教育部关于印发《新时代高校思想政治理论课教学工作基本要求》的通知 [J]. 中华人民共和国教育部公报，2018（05）：15-18.

[46] 孔子. 论语 [M]. 北京：华夏出版社，2017.

[47] 孔健编著. 孔子全集·上 [M]. 北京：东方出版社，2011.

[48] 刘向. 说苑 [M]. 北京：中华书局，2019.

[49] 孟子. 孟子 [M]. 北京：中信出版社，2013：329.

[50] 萧统. 黄侃黄焯批校昭明文选 [M]. 武汉：崇文书局，2022.

[51] 姬昌. 周易 [M]. 北京：华夏出版社，2017.

[52] 樊登. 樊登讲论语学而 [M]. 北京：北京联合出版社，2021.

[53] 王连森. 学院文化元问题 [M]. 青岛：中国海洋大学出版社，2022.

[54] 董洪杰. 国学知识全知道 [M]. 北京：北京联合出版社，2014.

[55] 陈成国. 四书五经上 [M]. 长沙：岳麓书社，2023.

[56] 陈谷嘉. 中国理学伦理思想通史明代卷 [M]. 长沙：湖南大学出版社，2020.

[57] 大学中庸 [M]. 西安：三秦出版社，2018.

[58] 李耳. 老子 [M]. 呼和浩特：远方出版社，2007.

[59] 南怀瑾. 庄子諵释下 [M]. 上海：上海人民出版社，2021.

[60] 刘乐泉. 管子·韩非子·孙子兵法·三十六计上下 [M]. 北京：京华出版社，2002.

[61] 张潮. 幽梦影 [M]. 北京：知识出版社，2015.

[62] 大学中庸全集 [M]. 苏州：古吴轩出版社，2013.

[63] 郭齐，尹波编注. 朱熹文集编年评注 [M]. 福州：福建人民出版社，2019.

[64] 姜国柱. 中国思想通史宋元卷 [M]. 武汉：武汉大学出版社，2011.

[65] 樊登. 樊登讲论语先进 [M]. 北京：北京联合出版社，2021.

[66] 胡伟希. 中国近现代思想与哲学传统 [M]. 杭州：浙江工商大学出版社，2009.

[67] 苟正安. 诗述中华史 [M]. 北京：中国书籍出版社，2021.

[68] 方韬. 四书五经册 2[M]. 北京：印刷工业出版社，2013.